日本をダメにするリベラルの正体

山村明義
Yamamura Akiyoshi

ビジネス社

はじめに　なぜリベラルは「保守」になりたがるのか

いま、日本を含めて世界中で思想の上での大混乱が起きています。

その混乱の震源地になっているのは、何と言っても「リベラル」です。

実際に最近、ネットだけでなく、一般のマスメディアでも、リベラルという人たちの思想や勢力全体への批判がとりわけ増えてきました。

その内容の代表的なものは、「リベラル嫌い」と「リベラル疲れ」です。

たとえば保守派の論客といわれる櫻井《さくらい》よしこ氏は、「日本では『リベラル』という言葉はよい意味で使われているかもしれないけれど、アメリカではまったく違うというのだ。いま、自分はリベラルだと言うより、プログレッシブ（進歩的）だと言っている』と友人は語る」（ダイヤモンド・オンライン二〇一六（平成二十八年八月二日号）と語っています。

『リベラルという表現は、むしろ、愚かな人という意味合いさえ含み始めた。だから皆、

実際に、日本国内でもリベラルな言論は説得力を持たなくなり、その年の十一月に行われた米大統領選では、リベラル勢力が圧倒的に多いとされる民主党のヒラリー・クリントン候補が、共和党のドナルド・トランプ氏に「リベラルマスメディア」の予想を完全に覆して、敗北してしまいました。

また、これまで「左派系」と言われていた勢力の間でも、「リベラル・ホーク」（リベラルタカ派）とか、「リベラルナショナリズム」と呼ばれるような新しい勢力が増え、国内外で「リベラルだが、愛国心や武装主義」という人たちも出始めています。

日本でも「絶対的平和主義」とか「一国平和主義」と呼ばれる人たちの数が減り、本来日本国内で有力視されていた「平和主義」という概念は徐々に存在しなくなっています。

これまでアメリカの建国の理念である「自由」「平等」「博愛」という「主義」は、力を失い、「正義」や「公正」といった志向性も浸透しているようには感じられません。

いったい、戦後七〇年安保以降の日本国内では、もっとも隆盛を極めていた昔ながらの「リベラル主義」はどうしてしまったのでしょうか？

これは国際的にも国内的にも、リベラル主義、あるいはリベラルな人たちが以前のような影響力を持たず、軽視されるようになっただけでなく、世界的に思想が流動化しているということを表しています。

日本人もきちんと自分の思想を持たないと危ない、と考えるようになった矢先の平成二十八年五月、『日本会議の研究』（菅野完《すがのたもつ》著　扶桑社）が発売されると、「日本会議の批判本」が続々と刊行され始めて、一つのブームになっていました。

その主張は、そのほとんどが「〝極右〟である日本会議が、安倍《あべ》政権を陰で操っている。このままでは日本は危ない」という類いのもので、世に出された出版物は、「リベラル勢力や左翼勢力に対して非常に説得力がある」という高い評価や、極端なものは、「神社本庁が安倍政権を動かしている」という「陰謀論」に近いものも多く存在していました。

しかし、昔からの保守勢力の実態を知っている人たちにとっては、「日本会議」は真面目にコツコツと保守活動を続ける一つの団体にすぎず、「神社本庁が安倍政権を牛耳っている」などという論調は、荒唐無稽《こうとうむけい》なものでしかありません。

「日本会議がそんなに強ければ、もっととっくの昔に憲法改正など行われているはずだ」

事実、『日本会議の研究』を始めとする「日本会議の批判本」が続々と刊行され始めた頃、神社本庁の関係者と話し合うと、こんな話題があちこちで上がりました。

安倍政権に近い多くの自民党議員に聞いても、「昔はともかく、いま安倍総理は日本会議をそんなに重視しているわけではなく、しかも日本会議を遠ざけている議員も少なくない。でも日本会議の個人個人は、そんなに言われているほど悪い人たちではないですよ」と語っています。また、日本会議の会員の人たちも、「なぜこんなに日本会議だけが狙《ねら》い撃ちされなければならないのか」と首を傾げていたほどです。

実際に、日本のほとんどの左派系メディアでは、日本会議を「カルト集団」とか「怨念《おんねん》の集団」などと呼び、「危険な組織」であることをことさら煽《あお》り立てています。

これまで保守系団体の一つである日本会議がどちらかというと閉鎖的で、「インナーサークル」に見えるかもしれませんが、これほど実態のない話がなぜ出てくるのでしょうか。

それは、これまで日本を支えてきたリベラル勢力が衰退をして、混乱し始めたからだと考えるとわかりやすいのです。

左翼系団体に比べると、日本会議のように日本全国でコツコツと地道に活動している団体は珍しく、その努力に応じて、政治に対してはかなりの影響力を与えるようになったことは事実でしょう。しかし、左翼やリベラル系の新聞・テレビ・出版などマスコミ人たちが、実際にこう語っているのを私自身何度も聞きました。

「なぜ日本を危険な軍国主義の方向へ導いている安倍政権が、長期政権になっているのかわからない。そういえば、日本会議というおかしなカルト集団らしき組織が安倍政権を支えている。原因は日本会議に違いない」

ものすごい思い込みと偏見に近い「陰謀論」ですが、よく考えてみれば、仮に万が一日本会議がリベラルな人から指摘されるような「カルト集団」や「秘密結社」であるとしても、いまの日本人はそれを許すのでしょうか？　また、これほどまで日本会議を「悪者化」、「誇大視化」させることによって、得をするのはいったい誰なのでしょうか。

この本を書くようになったきっかけの一つは、そんなリベラル思想の混乱を明かすように出版社の編集者から依頼されたこともありますが、二〇一五（平成二十七）年頃から、「日本会議以外の保守はおかしくなっている」という実情も私自身が見ていたためです。

確かに、世界的な移民問題や難民問題の影響から、欧米各国にこれまでになかったナショナリズム勢力が生まれ、その動きが今後の潮流になってくることも大きな要因です。

また国内的にも、「保守政権」といわれた安倍政権が五年以上続いているにもかかわらず、長期政権に対するマスメディアの自省的な分析もなく、「安倍死ね！」などというプラカードを持った「リベラルな平和主義者」の存在は嘲笑《ちょうしょう》の対象となっています。

本当の問題は、リベラル勢力、あるいはリベラルな勢力や言論がなぜこれほど力を落とし、一般の人の耳に届くような説得力を失ってしまったのか、という点にあるのです。

のちほど具体的な事例を述べますが、最初に混乱したのは日本のマスメディアや民進党といった政党のリベラル勢力でした。また、教育界や官界、財界人の多くもリベラルな思想を持った日本人も同様です。しかし、この現状を見ていると、将来の日本人の思想の潮流（思潮）も、現在の対立の過程次第で、大変化する可能性が高くなっています。

たとえば、欧州で相次いでいる「ＩＳ（イスラム国）」によるテロや難民・移民に反対する勢力は、リベラルなメディアからは「ポピュリズム」と呼ばれています。これは「衆愚主義」という批判的意味ですが、自分の国が危機になって、それを心配して国家を立て直そうとしている人たちの思想は、はたして「衆愚主義」なのでしょうか？

日本人は、これまで自分たちの思想に対しては、どこかうさん臭いものを感じ、無頓着《むとんちゃく》かつ無思想に近いか、あるいは欧米の思想ならば無批判に受け入れるという態度でした。

つまり、何も考えない「無思想」であるか、欧米発のリベラルという思想が何となくセンターラインに近く思えるため、「リベラルを走っていれば安全だ」という考えがあったのでないでしょうか。だからこそ、日本人には、「何となくリベラルであれば良い」、「どちらかというと自分はやや左寄りのリベラルに位置する」などと公言する人たちも多かったと思いますが、これから本文で述べるように、生活や文化、経済においても重要な要素を占めるリベラル思想はダメになっているのです。

しかし、この「日本人のリベラル思想」そのものが、いまもっとも「危険地帯」になっており、道路にたとえると、もはや「路肩」に近いところに立っているわけです。

いま、リベラルの存在意義が世界的に問われていることも間違いありません。

アメリカの「番狂わせ」と呼ばれるトランプ大統領の誕生、イギリスのＥＵ離脱、ヨーロッパの相次ぐテロ事件や移民・難民問題、日本国内の日本会議の批判本などを通して世相を見ていくと、「リベラル崩壊」は、もはや日本人の足下まで来ている、という実態がわかってくるのです。

そのため、この著書では、リベラルの歴史や思想背景、最近の世界の政治・社会情勢に焦点を当て、なぜリベラルが没落していくのか、今後日本人は何を目標にすべきかという話も展開してみました。

いま、世界中のリベラルだけでなく、今後自らが生き残る上で、あるいはビジネスを営んでいく上で、日本人全体の思想の再考が必要となる時代が到来しているのです。

日本をダメにするリベラルの正体

もくじ

はじめに　なぜリベラルは「保守」になりたがるのか――3

第一章　「リベラル崩壊」後の世界

・米大統領選は保守とリベラルの対立――16
・隠れトランプ派はリベラル・メディアが生んだ――18
・リベラル崩壊は世界の潮流――20
・言論の自由の国の末路――23
・マイノリティや弱者が常に正しい恐怖の「ポリティカル・コレクトネス」――27
・他宗教への配慮でクリスマス・パーティーさえ開けない――29
・家族解体とジェンダーフリー――31
・自らの言動に一切責任を取らないリベラル――35

第二章　本当にダサい日本のリベラル

・嘘とダブルスタンダード――40
・日教組が自虐史観をばらまいた――43
・左翼からリベラルへ転換した日教組――45

・ラブホテル通いをすっぱ抜かれた日教組委員長――47
・流行語大賞に「日本死ね」を選ぶユーキャンのセンス――49
・いまやすっかり時代遅れとなったリベラル――51
・リベラル終焉の〝記念碑〟鳥越俊太郎の都知事選――54
・なぜ現実を直視できないのか――56
・民進党・ブーメラン議員の研究――58
・蓮舫「二重国籍問題」の本質――60
・外国に利用されるリベラル政治家――63
・リベラルでも国家意識があれば議論できる――66
・お祭りや除夜の鐘にうるさいと苦情――69
・リアルに笑えない「ＰＣ」が実現した日本社会――72

第三章　日本会議バッシングの末路

・リベラル衰退と保守台頭は表裏一体――75
・民主党の自滅と新生保守――77
・すぐ分裂するのが保守の弱点――80
・左翼とリベラルに独占された学界へ斬りみが甘い――84
・保守分裂の間に出てきた『日本会議の研究』――86

・「右翼」を名のるリベラル――87
・安倍政権と日本会議を無理やり宗教に結びつける――90
・「週刊金曜日」に女性への性的「暴行」を暴露された菅野完――93
・保守のことは全否定しても許されるメディア――96
・バッシングの真のターゲットは安倍首相――99
・「ナショナリスト＝独裁者」は典型的な印象操作――101
・売り出し中の学者・三浦瑠麗の問題点――105
・バッシング記事が逆効果に――106

第四章 リベラル思想の暗黒史

・リベラルの語源――111
・「保守＝タカ派、リベラル＝ハト派」は崩れた――113
・リベラル大御所からの痛烈なリベラル批判が出た――115
・そもそも「自由」と「平等」は両立しない――117
・リベラルの土台である普通選挙を軽視――121
・インディアン虐殺の張本人から始まったリベラル思想――123
・日本のリベラルはアメリカの奴隷なのか――126
・ＧＨＱの占領思想に毒された思想界――129

・リベラルが「寛容」を掲げながら他人を「強制」する理由――132
・宗教改革から奴隷解放、差別禁止、変わりゆく理想の行方――134

第五章

国民無視の「護憲派」の正体

・憲法を絶対に改正させないリベラル派の欺瞞と矛盾――138
・歪な日本の法律体系――140
・震災時に機能不全となる行きすぎた「立憲主義」――142
・日本にはなかった欧米のような過酷な「奴隷制」――144
・防衛政策を勉強しない護憲派――148
・中国や北朝鮮の軍拡はスルー――151
・一部現実的になってきたリベラルの「憲法九条改正論」――156
・「防衛費一%」すら実現できない――159
・軍事シミュレーションすらタブー――163
・戦争を避けるために安全保障を考えるのは世界の常識――166
・歴史戦でも中国に完敗――168
・韓国と日本のリベラルの共通点――170
・思想よりも利害関係――172
・「デモ＝民主主義が成熟」は大間違い――174

・平等主義がない韓国――176

第六章 グローバリズムから脱却する日本独自の経済思想

・リベラルとネオ・リベラル――180
・矛盾する多文化主義とコスモポリタニズム――182
・日本と世界で混乱を引き起こした新自由主義――186
・「ネオリベ」は終わらない――189
・アベノミクスも経済左派政策――194
・戦後「経済保守派」が浮上しなかった理由――197

第七章 本当のリベラリズムは神道にある

・神道の「むすび」の世界観を描いた「君の名は。」――201
・神道にみる「自由・平等主義」――205
・一神教の「不寛容」を超越する日本の思想――207
・移民に対する日本人の知恵――209

・「神道＝アニミズム」は誤り――211
・古来から日本にあったリベラル思想――213
・「大事なもの」を継承できる民族――217
・神道が日本人を守っている――219
・神道の「間」と「ゆとり」がグローバリズムの世界を救う――221

あとがき

いまこそ「右・左」を超えて日本人らしい本来の思想へ――225

第一章

「リベラル崩壊」後の世界

米大統領選は保守とリベラルの対立

今年一月二十日、「大統領が変われば、すべてが変わる」といわれている超大国・アメリカで、「大本命」のはずだった民主党のヒラリー・クリントン氏が落選し、ドナルド・トランプ氏が大統領に就任しました。

そこにはアメリカの「保守」と「リベラル」の鋭い対立があったことは、多くの識者が指摘していますが、表向きはトランプ氏が「強いアメリカを取り戻す」、「アメリカ第一主義」という公約を訴え続けた結果の勝利だったわけです。

また、「不動産王」であり、「経営者」であるトランプ氏が、選挙対策にマーケティングのノウハウを生かして「白人保守層」に向けて戦略的な選挙戦術を展開していたことは指摘しておかなければなりません。さらに先祖はドイツ系移民である彼が、「選挙公約」としてアメリカへの「(イスラム系・ヒスパニック系)移民・難民の制限」、や「不法移民の強制送還」などを訴えていた事実も見逃せません。日本ではあまり知られていませんでしたが、それは、民主党・オバマ政権時代のあまりに過剰すぎたリベラルな政策に対する防衛措置でもあったのです。

「リベラル」とは、「寛容性」と「平等性」を重視するあまり、移民・難民の受け入れなど自国民に過度な負担を強い、ひいては国家を弱体化させる「両刃の剣」です。

たとえば、オバマ大統領時代にアメリカ国内の不法移民は、アメリカ移民政策施設（MPI）によると、約一一三〇万人に増えたといわれています。

これはアメリカの人口の三・五％ほどですが、このうち犯罪歴のある不法移民は約三〇〇万人と指摘され、不法移民全体の二七％以上にも上ります。民主党政権は、この問題の多くを放置し続けてきたのです。

また、あとで詳しく述べるように、「ポリティカル・コレクトネス（政治的正しさ）」という不寛容な人権主義による閉鎖社会への反発も起こりました。「ホワイト・ギルド」（白人の罪）という意識をアメリカ人自身に植え付けていた事実は、知らず知らずのうちに「リベラル（平等）全体主義」的な価値観になってしまっていたということを意味しています。

アメリカのみならず、ヨーロッパ、そして日本でも、このリベラルという名の「絶対的平等価値観」が席巻し、戦後長らく反論を許しませんでした。現在では移民問題がよい例ですが、相手がいかなる立場であろうと、移民制限を行うものは、「排外主義者」や「レイシスト（人種差別主義者）」という汚名を着せるのです。

しかしながら、欧米発のリベラル思想の実態は、「反国家主義」でした。国家全体としての国益よりも、個人の自由や平等、人権に重きをおく。その是非はともかく、いざ国家が弱体化し個人中心の社会になると結局はその個人の力も弱まるのです。

世界的な「移民反対」の潮流が、イギリスのEU離脱やトランプ大統領を誕生させた要因になったのはいうまでもありませんが、これは裏を返せば「国民国家の復権」でしょう。反移民は国家と国民を守るために、当然の政治判断であるにもかかわらず、リベラルは「ヘイトスピーチ」とか「排外主義」だと批判してきました。

先述の通り、彼らの主張はあまりにも過度でありすぎたため、多くの先住アメリカ国民の反発を招きました。

欧州でも、たとえばドイツのメルケル首相のように、移民を二〇〇万人以上移住させるという政策を採れば、その反動が出るのは当たり前です。

隠れトランプ派はリベラル・メディアが生んだ

日本時間の十一月九日、私はCNNの米大統領選開票速報を観ていました。

しかし、どう観ても共和党のドナルド・トランプ氏がフロリダ、オハイオなどの「接戦区」で優勢に進め、続々と勝利していました。

午後三時現在でトランプ氏の勝利はほぼ間違いなく、「ニューヨーク・タイムズ」や

CNNなどアメリカのリベラル・メディア、それに従順な日本のマスメディアは、ヒラリー・クリントンの「圧勝」を予想していただけに、もはや「顔色真っ青」の状況でした。

ヒラリー氏を推すリベラル・メディアは、ローカルテレビ局の一つのCMのためにポンと四億円を支払うような潤沢な資金力があり、さらに世界から集まる移民層からの支持が圧倒的に多いと見て、「ヒラリー有利は動かしがたい」と読み違えていました。

実際には、アメリカや日本のメディアがどんなに叩いても、トランプ氏は最後まで屈することはなかったし、移民層の票にしても、黒人や白人系など昔から入って来ていた先住移民と、イスラム系や中国系、ヒスパニック系などの新興移民とでは、水面下で対立していました。リベラル陣営が「アメリカは移民の国で、そこに住む市民は平等である」と喧《けん》伝《でん》しても、実態はそうではなかったことを物語っています。

たとえば、新興移民であるムスリム（イスラム教徒）への過剰な配慮が、白人差別である「ホワイト・ギルド」への意識変化となり、保守的な白人たちは自分たちの意見を主張できないという異常な事態に追い込まれていました。

全米の街には「サンクチュアリ・シティ」（エスニシティとも呼ばれる）といわれる、特定の移民だけが自分たちの言葉と文化を守るために作った一帯が増えました。直訳すれば「聖域都市」になる「サンクチュアリ・シティ」では、英語が通用しない場合さえあります。

これはもともとスコットランド人やフランス人の移民から始まりましたが、いまやサンフランシスコやシカゴなどの大都市には、イスラム系住民や中国・韓国などアジア系住民の住むサンクチャリ・シティも誕生しました。しかし、移民の独善性、横暴性があまりに強すぎるため、先に住んでいた白人移民たちとさまざまな軋轢《あつれき》を起こす。あとから来た移民がもし略奪や暴行など勝手なことをすれば、面白くないのは当たり前の話なのです。しかもホワイト・ギルドにより白人たちはまともに反論することも許されませんでした。

この不満層が「隠れトランプ派」の正体でした。

そうした背景があったことを一切報じない日本のマスコミは、「アメリカのリベラル・メディアの単なる下請け産業である」と率直に指摘しておかなければなりません。

リベラル崩壊は世界の潮流

さて、今回の状況を一言でいうと、これまでアメリカ国家社会を支配していた「リベラルの崩壊」を意味しています。

アメリカの本当の「自由主義」と「偽善的平等主義」を履き違え移民を無条件に賛成するムード。「ＬＧＢＴ」など数々の人権政策を打ち上げる「ネオ・リベラリスム」と、市場原理主義によって富を自らの周辺だけに集中させる「新自由主義」の強大な層。そのようなリベラル全体の支持層に支えられたヒラリー・クリントン氏では、やはり「アメリカらしさがなくなる」と、アメリカ国民は深刻に考えているということが見て取れるからです。

この「トランプ勝利」に見る「リベラル崩壊現象」は、これから疑いなく世界的な現象になる、と私は見ています。

なぜなら、現在のリベラルとは、アメリカ合衆国建国以来の「国を担う責任と義務の伴う自由主義」ではなく、「単に保守主義者を〝差別主義者〟などと罵《ののし》りながら、実際には自分個人の利権しか考えない偽善主義者」になり果てているからです。

いま、この潮流は、さすがに耐えきれなくなって、移民制限策などを開始した欧州全域でも始まり、「移民・難民は誰でも受け入れる」という「博愛平等型」のリベラル主義も、終焉《しゅうえん》の方向に向かっていることは明らかです。

日本国内でも、日本の国家を愛し、自らの地域の生活を守ろうと地道に活動する日本人を「ヘイトスピーチを行う排外主義者」などと罵りながら、自らは日本の国益のために何もしない「口だけリベラル」な人たちは、「反トランプ」にならざるをえないのです。

ところで、大統領選の選挙戦では、当日の午前中からトランプ氏の優勢になった情勢は、夕方五時頃、勝利が確定しました。

ヒラリー・クリントン氏のように、いかに豊富な資金力があっても、それだけではダメなのです。さすがに、自分の国や地域を守り、地道に生きて行こうとする保守的な人たちを軽視しすぎたのでしょう。リベラルな人たちは、彼らのことを「人種差別主義者」とか

「ポピュリスト」などと呼んでいましたが、これも自分たちの主張をハッキリさせる政治的思想が対立したまま、落としどころがなくなった結果だといえるでしょう。

理想論だけで足元の現実を伴わず、責任が取れない。あるいは、自分の言っていることとやっていることが異なるタブルスタンダード。嘘《うそ》や欺瞞《ぎまん》が多く、見せかけだけの「リベラルによる支配世界」は、もはや国内外で同時並行して「終了」し始めているというべきです。

世界的にあまりにもリベラルすぎる主張が、いまや嫌われ始めたわけです。

ほとんどのメディアがクリントン支持を表明する中で、保守系の「ブレイトバート」紙だけは一貫してトランプ支持を貫き、のちに同社の会長であるスティーブ・バノン氏が、トランプ政権の首席戦略官に任命されると、リベラルの怒りにより拍車がかかりました。なぜならバノン氏はリベラリストに「白人至上主義者」と呼ばれていたからです。

民主党のヒラリー・クリントン候補を支援した「二重のリベラル勢力」が、全米各地で「反トランプデモ」や一部では激しい暴動を起こし、一月二〇日の大統領就任式でも多くの逮捕者を出しました。中には、ジョージ・ソロスのような大富豪もいました。民主党のリベラルな支持者たちは、よほどトランプ新大統領誕生が許せなかったのでしょう。「トランプは私たちの大統領ではない」、「愛は憎しみを超える」などとトランプ氏を批判しながらデモを行う人々は、選挙スローガンを使った「保守主義者」を攻撃の的としていました。アメリカ国内の「リベラル陣営」にとっては、トランプ大統領の誕生は、まさに「悪夢の革命」だったわけです。

言論の自由の国の末路

アメリカ民主党のリベラルの崩壊は、今回と以前の大統領選の一般投票の得票数を見るとよくわかります。二〇〇八年の選挙では、バラク・オバマ大統領が約六九五〇万票獲得し当選しましたが、その四年後の一二年の選挙では約六五九二万票、今回「初の女性大統領」を目指したヒラリー・クリントン氏は、約六五八四万票に終わりました。オバマ大統領の在任八年間で、約三七〇万票近く減らし、凋落傾向です。

一方、共和党は同じく八年間で約五九九五万票（ジョン・マケイン氏落選）→約六〇九三万票（ミット・ロムニー氏落選）→約六二九八万票（トランプ氏当選）と、実は徐々に増やしているのです。

要は、アメリカ国内のリベラルが自壊・自滅したということなのです。

アメリカの、リベラルな報道で知られるマスメディアは、自ら支持する大統領候補を推すのが慣例ですが、今回はアメリカ国内の新聞一〇〇紙のうち、「クリントン支持」を表明したのは半数を超える五七紙で、「トランプ支持」を表明したのはわずか二紙のみでした。

たとえば、アメリカのリベラル・メディアを象徴する「ニューヨーク・タイムズ」紙はこう書いています。

「ニューヨークが現実の世界ではないことに改めて気づかされた」

彼らは地方に住む隠れトランプ派など、米国民の「怒りの声」にもっと耳を傾けるべきだった——というのですが、リベラル陣営がいかに思い上がりを持っていたのかを表しています。

また、リベラルな報道内容で有名なCNNテレビは、最終日まで「クリントン優勢」の姿勢を崩さず、トランプ氏の勝利が確定的になると、コメンテーターたちは、「いったい（我々の）何が間違ったのか」と声を震わせていたほどです。

今回の選挙中、「アメリカ・ファースト」（アメリカ第一主義）を常に主張する白人のトランプ氏に対して、アメリカのマスメディアが率先して「人種差別主義者」とか「暴言王」と糾弾していました。彼らは、本気でアメリカのエスタブリッシュメントの世界から追い落とそうとしていました。全米のマスメディアで「ヒラリー支持」のキャンペーンが展開され、彼女の勝利を「確信」していたからです。必然的に選挙戦が終わると、ほとんどのリベラル陣営からは「なぜトランプが大統領になるのか」という悲鳴が上がりました。

それと同時に、日本のマスメディアもそれに追従し、まるでアメリカメディアの「下請け産業」のような報道を行っていました。アメリカのマスメディアをそのまま「コピペ」するかのように、トランプ氏の発言を単に「失言」とか「暴言」と報じ、一方的な「女性差別問題」や「スキャンダル」と日本国民にもバイアス（偏向情報）をかけて受け取らせるということもありました。私自身、日本の多くのマスコミの人間にアメリカ大統領選の予想を聞きましたが、「ヒラリーが一〇〇％勝つ」などと自信満々に語っていた人もいたほどです。この間違いの原因は政治的情報にバイアス（偏見）があるということです。

また、リベラルなメディアは、これを「分裂」「断絶」と報じますが、彼らは歴史に学ぼうとしていません。

約二四〇年前の建国時から始まった連邦制国家であるアメリカ大統領選は、一八六一年に「奴隷制」をめぐって起きた南北戦争で北軍についた共和党と南軍についた民主党による「二大政党」の戦いが基本です。主に民主党と共和党が戦い、選挙が終わったら共にアメリカ合衆国を支えることも慣習となっています。現在も過去も、二〇〇四年に当選した共和党のジョージ・Jr・ブッシュ大統領のように、一般有権者の総得票数が相手候補を下回ったとしても、選挙人で多く勝利すれば、大統領選に当選するのが決まりなのです。

ところが、周知のように、今回の大統領選のキャンペーンは当初から最後まで「断絶」、あるいは「醜悪なもの」として、全世界中に映ったのは間違いありません。

トランプ陣営は、「軽率で無謀で嘘《うそ》つき――ヒラリーには国を任せられない」という文字の入ったヒラリー陣営に対するネガティブなCMをテレビ局で流しました。

逆にヒラリー氏陣営は「女性に敬意は？」と問うシーンから、トランプ氏自身の「持っているとは思えない」という別のシーンのコメントを被せ、あからさまな「敵意」と「憎悪」で返していました。その誹謗《ひぼう》中傷合戦は、日本人のみならず、戦後世界が憧《あこが》れた「言論の自由の国の末路」を疑わせるのに十分な選挙戦でした。

つまり、トランプ大統領がメキシコのヒスパニック系の移民やイスラム系移民を「差別」すれば、ヒラリー陣営は結果的に白人やキリスト教を差別するという具合ですから、両陣営共に「人種差別的」で「排他的」な「ヘイトクライム」の応酬だったのです。

これを事前に計算し、先手を打っていたのがトランプ陣営だったとすれば、民主党の「リベラル陣営」の目標と狙いは、今回の大統領選でトランプ陣営に見事なまでに「粉砕」され、「崩壊」させられたと言えるでしょう。

そして今年一月十一日には、トランプ氏が大統領選後初の記者会見を行い、リベラル・メディアでトランプ批判の急先鋒《きゅうせんぽう》に立っていたCNNテレビがやり玉に挙がりました。

CNNの記者側が、ロシアのプーチン大統領が行ったとされる民主党のヒラリー陣営へのサイバー攻撃の一件で、「プーチンはあなたを助けるために、サイバー攻撃を行ったのではないか」などと批判を強めたのに対し、トランプ氏側は「プーチン氏が私を好んでいるとすれば、それは財産だ」などと言い返し、「(CNNは)嘘テレビだ」と断じました。

収拾不能になってきたトランプ新大統領とリベラル派との戦いは、「言論もはや戦」の域を完全に超えています。CNNは、「保守とリベラルの戦いではない」と否定しますが、これを「思想の混乱」と呼ばずに、何と呼ぶのでしょうか。

マイノリティや弱者が常に正しい恐怖の「ポリティカル・コレクトネス」

実際、リベラル陣営は、「自業自得」、あるいは「自縄自縛《じじょうじばく》」の状況に陥っていました。なぜなら、彼らは、これまで一貫して自分たちの正しさだけを証明しようと、「ポリティカル・コレクトネス」(PC)を主張して来たからです。

「ポリティカル・コレクトネス」とは、「差別や偏見」に基づいた表現を「政治的に公正」なものに是正する考え方のことです。主に人種や性別、性的志向、身体障害に関わる認識から「差別」をなくすことを指します。

この風潮は、六〇年代の公民権運動や女性解放(のちのジェンダーフリー)運動、ゲイ解放(のちのLGBT運動)など「差別是正運動」の中で起こり徐々に浸透して行き、いまやアメリカ社会全体に広がりました。ちなみにこの意見は、ヒラリー・クリントン氏の民主党を支持した人たちに大変多く見られるものです。

このリベラル支持者たちの多くは、「マイノリティや弱者が常に正しい」という「原理主義」や「無謬《むびゅう》主義」に囚われがちなので、それが逆に弱点となります。

さらに、政治思想的なリベラルは「過激化」していくのが常です。

たとえば、共和党支持者の多くが支持する「銃規制」やリベラル派には反対が圧倒的な

「妊娠中絶」を始め、労働者の「同一賃金」、国民の「医療保険改革（オバマケア）」、「（メキシコとの）国境の壁」、「同性婚」や「LGBTの養子縁組を行う権利」など、明らかに国民の意見が二分すると思われる問題に対して、「マイノリティは政治的に正しい」と考える方向へ人々を傾け、「ほとんど無条件にリベラル化する」という結論になります。

それが「政治的に正しい」と捉《とら》え、自ずと「PC」はトランプ自身の保守的な思想や発言に向けられたわけです。リベラルにとって見れば、トランプ氏の言動は、たとえ「古き良きアメリカ人の本音」であっても、人種や性別に対する「差別」そのものなのです。

たとえば、トランプ氏は「メキシコ国境に壁を作る」という主張をしました。

しかし、オバマ政権時代にはメキシコ国境などを越えて来る約一一〇〇万人以上いると言われる不法移民に対し、一部は本国へ送還させていたものの、基本的には移民に入国を許し、たとえ彼らが犯罪を起こそうと、結果的には寛容な政策を敷いていました。

それを批判する人間がいれば、とたんに「人種差別主義者（レイシスト）」と批判されるのです。しかも、トランプ氏自身は、「不法移民がすべて麻薬密売人や強姦魔と決めつけているわけではない。ほとんどが真面目な働き者で、アメリカで働いてチャンスを摑《つか》みたいと思っている。しかし、不法移民の一部に犯罪者が含まれているのは事実であり、野放図にアメリカに入れ続けるのはやめるべきだ」（『THE TRUMP 傷ついたアメリカ 最強の切り札』）と事実を語っているにもかかわらずです。

彼らにとっては、少しでもリベラルの「正義論」からはずれる移民や難民をアメリカ国民や市民と区別するのは、「差別」そのものになるわけです。

こうしてリベラルなマスコミは、トランプ氏の発言を切り取り、面白おかしくするだけで、もっとも重要な「国を守る」部分を報じませんでした。

それもそのはず、アメリカの代表的通信社であるAP通信社の発行する記者の手引書『スタイルブック』には、「illegal immigrant（不法移民）」という言葉と、「islamist（イスラム教徒）」という言葉を「報道で使わない方が良い言葉」として明確に位置づけているのです。

ほかにもアメリカメディアには、表現上の制限が多すぎます。

他宗教への配慮でクリスマス・パーティーさえ開けない

アメリカのメディアは「真実」を報じないのではありません。これまで「悪平等的なリベラル」な風潮と、実際にマスメディアを監視するリベラル勢力の力によって自縄自縛となり、「真実」を報じられなかったのです。

ほかにも「PC」では、普通のアメリカ人が祝うイエス・キリスト生誕日を表すクリスマスのような祝日では、イスラム教など他の宗教の信者に配慮して、公には「メリー・クリスマス」とは祝えなくなったといわれています。アメリカ国内の公共機関や民間企業でも、クリスマス・パーティーはなかなか開けません。「イスラム教徒」に配慮して、ミネソタ大学では「9・11」の黙とうを中止しました。最近日本で流行しているハロウィーンですら難しいとされ、「アメリカでハロウィーン・パーティーが開けなくなったために、日本でひと儲《もう》けしよう」と企んだ広告代理店が、日本に持ってきたという話もあるほどです。また、表現方法として、アメリカ国内で使われていた犬や猫などの「ペット」は、リベラル陣営では、「コンパニオン・アニマル」と呼ぶ人もいるといわれています。

つまり、リベラルは、国家や社会、人間相手だけでなく、動物相手にも「差別」という概念を用い始めているわけです。

しかし、「PC」を過度に、あるいは厳密に適用すると、単なる「言葉狩り」になりかねず、息苦しい閉塞《へいそく》感のある社会となってしまいます。

このように、トランプ大統領が誕生するまでのアメリカは、文字通り「不自由社会」になっていたのです。

しかし、建国時の「アメリカ独立宣言」には「自由・平等・人権」が書かれ、その後できた合衆国憲法修正第一条には「表現の自由」が保障されているのです。

自らが「行き過ぎ」という感覚もなくなると、このアメリカ建国の理念に反するだけでなくとくに白人やキリスト教徒にとっては息を詰まらせることになります。

家族解体とジェンダーフリー

それだけではありません。教条的なリベラリストは、「家族の解体」を目指し、歴史認識では「自虐史観」を植え付けようとします。自らが「国家や社会の犠牲者である」と装うことで、相手への「水平な逆差別」を優位な立場で「社会実験」を試みようとするのです。

そして、「リベラル以外の政治的な言葉や思想」を目の敵にし、「高い地位にある政治家攻撃し」を行い、自らに都合の良い「平等な社会」を創り上げようとして、実際には自らの国家や社会に対する「ディスカウント」を行おうとしています。

象徴的なのは、二〇一三年四月に開かれたカルフォルニア州の民主党への政治献金を呼びかける集会で、オバマ大統領が女性司法長官のカマラ・ハリス氏に対して、「米国の司法長官としては抜群の美人」と語り、それがリベラルな国内のフェミニズム団体から「女性差別」を問題視され、謝罪に追い込まれたことでした。

長官カマラ・ハリス氏を「抜群の美人」と評したことで、その二日後に「自らの発言が不要な混乱を招いた」として、ハリス氏に謝罪しました。

オバマ氏には四日、同州で催された与党民主党の全国委員会への政治献金を呼び掛ける集会に出席したさいの発言に対し、「性差別主義」「女性を容姿で判断する」などの批判が米メディアで出ていました。その前にアメリカのフェミニズム団体の抗議がホワイトハウスに行われたということでした。オバマ氏はワシントンに戻った四日夜、ハリス氏に電話し、謝罪したといいます。

一方、ミシェル米大統領夫人は四日、米東部バーモント州のCNN系列局との会見で、自分を「多忙なシングルマザー」と言う場面があり、これも釈明に追われました。

CNNなどリベラル・メディアは、この発言に鬼の首を取ったかのように騒ぎ立て、「多忙な両親が健康的な食生活を送る必要性に触れたさいの失言」と断じています。ミシェル夫人は、後に「シングル」との言葉を使うべきではなく、「多忙な母親」と表現すべきだったと訂正した上で、「夫が大統領だとときどき、自分が少しだけシングルと感じるときがある」と弁明したとCNNは指摘しますが、これは日本語でいえば「諧謔《かいぎゃく》」でしょう。

このように、諧謔というユーモアが封じられたアメリカでは大統領がオバマ氏のように、たとえリベラルな人物であってもマスメディアやリベラルな団体がそれを許さないのです。

この「女性差別問題」は、「PC」の重要な要素であり、アメリカ大統領までそれを武器に「脅迫」をして謝罪させることも行うのです。これこそが欧米発の「ネオ・リベラリズム」の正体なのです。

しかし、二〇一五年八月、トランプ氏が登場し、共和党候補者討論会でこう言い放ちました。

「アメリカの抱える大きな問題は、ポリティカル・コレクトネスだと思う」

このトランプ氏の一言で、多くのアメリカ人は拍手喝采《かっさい》し、溜飲《りゅういん》を下げました。本当に「PC」がアメリカ社会を分断し、おかしくしていたからです。

そして、アメリカ社会の「偽善的なリベラル」と「正直に真実を言う保守」とに色分けがされ、「古き良きアメリカ」を愛する人たちの心を摑んでしまったのです。

それでもアメリカのマスメディアは、そのようなアメリカの本当の問題についてふれません。「自由の国、アメリカ」であるならば、本来は、選挙戦の前に世界の誰かが、全世界に醜態をさらすアメリカのリベラルに対して、「フェアではない」と指摘するべきでした。

事実、アメリカのリベラル派は今回の大統領選の自らの敗北を潔く認めず、敗けた責任さえ取っていないのです。実際に、CNNやABCなどアメリカの選挙後の報道を見ても、「リベラルが行き過ぎた」という内容は、ほとんど見られませんでした。

むしろ、「FBIのコーミー長官の再捜査発言が悪かった」、「世論調査がおかしかった」などという「責任転嫁」が目立ちました。この責任転嫁もまた、「リベラルの得意技」なのです。

ちなみに、日本では「アメリカから遅れて一〇年すると、その政策やブームがやって来る」と言われていました。実際に、五〇年代のアメリカ民主主義、六〇年代のベビーブーマー、反戦平和主義、フェミニズムやLGBT、経済社会のコンプライアンスなど、アメリカで起きたことのほとんどを日本人が追従しています。リベラルもそうです。

しかし、日本はいったいいつまでアメリカの真似をするだけなのでしょうか。

現在のアメリカと日本の抱えるもっとも大きな問題は、アメリカのリベラリストたちが世界中に「啓蒙《けいもう》」する「政治的正しさ」なのです。

アメリカ国内で言えば、「リベラル派」が過剰に偏向した物差しで、「自由」で「寛容」な「アメリカ人の伝統」に離反しているため、世界中が不安視し、日本にもその真似をしようとしているリベラル人が大勢いることが問題なのです。

移民問題や難民問題に関してはのちに詳しく述べますが、イギリスだけでなくフランスやドイツなど、多くの国でリベラルの「平等主義」を重視しすぎて、どの国も困り果てています。移民や難民によるテロや犯罪は、どの国も共通するテーマなのです。これは政治思想的には、欧米社会のリベラル派が「平等主義」と「民主主義」とをはき違えてしまい、「リベラル政治的路線は正しかった」という「自己満足性」の動かぬ証拠でしょう。

アメリカの「自由主義」は、国内のリベラル勢力によって、いまや世界各国は閉塞感ばかりの「平等主義」へと移行し、それが自らの国家の首を絞めてきました。

日本はそのリベラルの真似をしてはいけません。

その意味で、トランプ米大統領の登場は、日本だけでなく世界中で自国の安全保障を考える良い機会となり、最終的にはこれまでの自国での過度なリベラリズムを終焉させる可能性が高いのです。

自らの言動に一切責任を取らないリベラル

アメリカ大統領選で、トランプ大統領当選の結果を当てられなかったことに対して、謝罪をしないどころか、完全に開き直って責任を取らないリベラルな人々が続出しました。

これは日米共に同じで、先ほど述べたように、「トランプは一〇〇%大統領になれない」、「人種差別のトランプは無理に決まっている」と口々に語っていました。

言論人であれば自分が公に口に出した以上は、責任を取らなければなりません。

しかし、アメリカ国内のリベラル派でそれを主張して、きちんと責任を取ったのはほんのわずかでした。

私の知るかぎり、CNNに出演をして「ヒラリー候補優勢」を断言したある統計学者が、「もしトランプが大統領になったら、虫を食べます」と言っていたため、「蜂蜜《はちみつ》漬けのおいしい虫を食べた」ということぐらいでした。

一般のアメリカ人でも、「トランプが大統領になったら外国に移住する」と宣言していたセレブがいて、それを保守派が攻撃するという構図が続いていました。

たとえばヒラリー・クリントン氏の絶大なる支持者でリベラルを標榜《ひょうぼう》するレナ・ダナム氏は、「トランプが勝ったらバンクーバーに引っ越す。あそこには素敵なところがいっぱいあると知っているし、仕事もできる（から移住する）」と語っていました。そこで、先に登場したスティーブン・バノン氏が会長を務める保守系ニュースサイト「ブレイトバート」

の編集者であるミノ・ヤンノポーロス氏は、そんなセレブのフェイスブックに、「レナ・ダナムのために、来週出発の、カナダ行き片道ファーストクラスを予約してくれと、旅行会社に頼んだところさ」と投稿していました。さらに、ヤンノポーロス氏は、「ブレイトバート」の記事の中で、「トロントでなくても、カナダの中ならどの都市を選んでくれても良いし、お金は自分が払う」とコメントしていました。

そしてダノム氏は大統領選が終わって一週間以上経っても、「移住する」といいながら、その後、引っ越す気配を見せていませんでした。

ちなみに、ヤンノポーロス氏は、この夏、「ゴーストバスターズ」のレスリー・ジョーンズ氏に対するさまざまな「人種差別や女性差別」のツイートを送り、ツイッターから出入り禁止になった人物である、と逆に批判されてしまったのです。

ところが、ヤンノポーロス氏には三万人以上のフォロワーがおり、この投稿にも現段階で二万人以上がこの「リベラル批判」のコメントには「いいね」を押していました。

こうしてアメリカでも、「リベラル」のおかしさが次々に暴露されていったのです。

「万一、トランプが勝った場合のために、もうスペインに家も買っているのよ」

「トランプが勝ったら海外に移住すると言っているセレブリティはたくさんいるけれど、どうせやらないでしょう。でも私は、本当にやるから」と語っていたコメディアンのチェルシー・ハンドラー氏は、自らの番組で、涙ながらに、「いま、本当にスペインに引っ越したいの。でも私のオフィスのスタッフ全員に、『あなたの声はみんなに届くんです。あなたはここにいないとダメなんです』と言われたの」と、アメリカにとどまることにした理由を述べていました。

やはり「もしトランプになったら海外に引っ越す。私は本気じゃないことは言わないわ」と宣言していたマイリー・サイラス氏も、ツイッターに投稿したビデオで、「私はバーニー・サンダースを熱心に支持していた。そしてヒラリーも。彼女は本当にこの国を愛している。彼女はこの国を良くするために全人生を捧《ささ》げてきたの」と涙を流しながら語りました。

そしてサイラス氏は、「私はみんなのことを受け入れる。ドナルド・トランプ、あなたのことも受け入れます。アメリカの大統領としても。私は希望を持ちたいから。希望にあふれるヒッピーでありたいから」と自らの寛容さを見せ始めたそうです。

この一連の「症状」こそ、リベラルの典型的な言動の特徴なのです。つまり、自分の思い通りにならないと、自分のことは棚に上げて大騒ぎをして見せ、最終的には何とか受け入れようとします。これはリベラルな人たちが他人に寛容でありたいと考えているからで、自分が自分の気持ちに「嘘」をついているということを明かしません。

ブライアン・クランストン氏も、「ショックだし、すごくがっかりしているが、大統領に選ばれた彼が、傷ついたこの国を一つにしようとしてくれることを願っている。心から彼の成功をお祈りします」とツイートしました。彼は、選挙前、カナダのメディアのインタビューで、質問者に「もしトランプが大統領になったら、カナダで長い休暇を取りたいと思いますか」と聞かれ、「もちろん。でも休暇じゃないよ。引っ越すよ。そうなるとは思えないけど。そうならないことを願う」と答えていたのです。

BBCのインタビューで、「スペイン語はできないけれど、トランプが大統領になったらスペインに引っ越すわ」と語ったエイミー・シューマー氏は、後になって「あれはただのおふざけ」と言い訳しています。インスタグラムへの投稿で、彼女は、「ロンドンでのインタビューだったし、ノリよ。ニュースにするようなことじゃなかったの。『さあ、荷造りして出て行ってください』という人は、あの人種差別者でゲイ差別者で女性蔑視《べっし》の男に投票した人たちと同じくらい腐っているわ」と書きました。

さらに、「トランプに投票した人たちへ。あなたたちは弱者よ。あなたたちは間違った情報を信じていて、正しい情報を求めようともしなかった。（中略）いま、あなたたちの望みがかなったわけで、どうなるか見えてくるわよ。文字通りにね。私は怒りに燃えている」と、投票者を非難するコメントを続けているといいます。

これなど、客観的に見て責任転嫁の何ものでもありません。

アメリカでは、「このようなきれいごとの発言をしていたセレブ、あるいはリベラルな人々は、こう物笑いの種にされていたのです。

たとえば、ツイッターには「エイミー・シューマー、マイリー・サイラス、もう飛行機のチケットは押さえましたか？　荷造りのお手伝いをしましょうか？」」、「『トランプは私の大統領じゃない』人たちがやって来るのが嫌で、カナダが壁を作ろうとしているという噂《うわさ》があるそうです」などのコメントが見られました。

カナダが壁を作るかどうかはともかく、これはリベラル派たちが移民・難民の「壁」を作るのに反対しているのは、「自分たちが移民や難民をするときに反対されるのが嫌だからだ」という痛烈な皮肉です。結局、彼らは口では良いことばかりを言うものの、いざとなれば何もできないことをバカにされているわけです。そういう人々は、ハリウッドのリベラルなエンターテイメント業界人や役者、音楽家など大勢いました。

こういう状況を「アメリカの断絶」と呼ぶのなら、その責任の一端はリベラル側にもあるはずです。

何より大事なのは次章から詳しく述べるように、世界中が思想の世界でリベラルの牙城《がじょう》が崩れ始めて大混乱を起こしていることです。その影響は欧州や日本にも当然及んでいるのです。

第二章

本当にダサい日本のリベラル

嘘とダブルスタンダード

日本でも、「リベラルの凋落《ちょうらく》」は、少なくとも数年前から始まっていました。たとえば、リベラルの人たちの持つ特性としては、自らが言っていることと、やっていることが明らかに違う、という「二重基準性」があります。

この二重基準性はどこから来たものなのでしょうか。

実際に、「リベラルの評判が悪い」という毎日新聞出版書籍本部編集者による聞き書きの書『リベラルのことは嫌いでも、リベラリズムは嫌いにならないでください』（毎日新聞社刊）という長いタイトルの本の著者・井上達夫《いのうえたつお》東大教授（法哲学者）は、「リベラリスト」を自認する学者です。その彼が「リベラルの問題」として、「言っていることとやっていることとが違うという、ダブルスタンダード」にあると言い切っています。

リベラルなマスコミ人は、「反権力」や「報道・言論の自由を追求する」と言いながら、朝日新聞による一連の慰安婦報道のように、平気で根拠のない嘘の事実の記事を報道したりします。

また、リベラルな政治家は、「戦争責任がある日本政府は、中国・韓国に謝罪せよ」と言いながら、自分たちは日本政府の税金から来る給料をもらって生活しています。

しかし、平成二十七（二〇一五）年に出版された佐々木俊尚《ささきとしなお》氏の『21世紀の自由論―「優しいリアリズム」の時代へ』（NHK新書）では、こう言い切っています。

「この勢力は長い間にわたって、新聞やテレビ、雑誌で強い発言力を持ち、自民党政権に対するアンチテーゼとして、日本社会に強い影響を与えてきた。

この勢力はたとえば、原発に反対し、自衛隊の海外派遣に反対し、日本国憲法九条を護持し、『国民を戦場に送ろうとしている』と自民党政権の集団的自衛権行使や特定秘密保護法案に反対している。文化人で言えば、作家の大江健三郎《おおえけんざぶろう》氏や瀬戸内寂聴《せとうちじゃくちょう》氏、音楽家の坂本龍一《さかもとりゅういち》氏、学者では『九条の会』事務局長で東大教授の小森陽一《こもりよういち》氏、神戸女学院大学名誉教授の内田樹《うちだたつる》氏、経済学者の浜矩子《はまのりこ》氏。政治勢力としては福島瑞穂《ふくしまみずほ》氏と社民党、生活の党と山本太郎《やまもとたろう》となかまたち。元経産省官僚の古賀茂明《こがしげあき》氏。一緒にくくられることに抵抗のある人もいるだろうが、メディアの上で『リベラル勢力』という呼び方で視界に入ってくるのはそういう人たちだ。

しかし、この『リベラル勢力』は、いま完全にほころびているのだ。最大の問題は、彼らが知的な人たちに見えて、実は根本の部分に政治哲学を持っていないことだ。端的にいえば、日本の『リベラル』と呼ばれる政治勢力はリベラリズムとはほとんど何の関係もない、彼らの拠って立つのは、ただ『反権力』という立ち位置のみである」

確かに、戦後日本のリベラル勢力には、「朝日岩波文化」という言葉があるように、「朝日新聞や岩波書店が支援する言論人は、誰でも売れっ子になり、社会でもてはやされていました。たとえば、政治学の丸山真男《まるやままさお》や法学の川島武宜《かわしまたけよし》、経済史の大塚久雄《おおつかひさお》らというメンバーですが、八九年のベルリンの壁崩壊以降は、急に人気がなくなってきたわけです。

とりわけ六〇年代、七〇年代の学生運動で左翼陣営が壊滅してきた時代以降、九〇年代の日本社会では、リベラルは全盛を極めました。

井上氏はリベラルがなぜこれだけ悪者視されているのか、あまり時代的な検証を行っていませんが、私は、東西冷戦が終わり、これまでマルクス主義を中心に左翼陣営で謳歌《おうか》してきた左翼の居場所がなくなり、「リベラル」という旗を掲げて、再復活を遂げようとしたと分析します。いわば、マルクス主義からの「思想難民」が出たわけです。これは、旧民主党という政党の成立過程を見ると、よくわかります。

当時、東西冷戦の崩壊でソ連や東欧など社会主義国がなくなり、旧社会党（現社民党）にすらいられなくなった多くの左翼の中の社会民主主義者を中心に、日本国内でも新しい理念と思想が必要とされていました。そこに、欧州と違い共産党をそのままにして、「連合」という労働組合が母体になってできたのが旧民主党でした。

欧州では、イタリアのように共産党を解党してまで、新しいリベラル勢力を作りました。前述の佐々木俊尚氏は、「ではなぜ、進歩派や革新が『リベラル』を名のるようになったのか。答えは明快だ。一九九〇年代になって冷戦が終わり、共産主義の失敗が明らかになり、共産主義陣営を指す革新や進歩派ということばが使いにくくなったからである。それで代替用語として、進歩的なイメージがある『リベラル』が転用されるようになったのだ」と書いていますが、これについては私も同感です。

結局、「日本型リベラル」とは、国内外共にポスト冷戦構造という枠の中でできた「思想勢力」であり、とりわけ日本の場合には、共産主義の持つ「反国家（反権力）主義」と「平和主義」を合わせた戦後民主主義の「特殊思想」として育てられたものなのです。

日教組が自虐史観をばらまいた

「アメリカのリベラル思想からもとに戻らないのです。何とかしてください」

「日本の固有の文化思想が知りたいのです。でも学校では教えてくれません。神道など日本の固有の宗教思想も教えていただけませんか」

近年、私のもとにこんな相談が相次いでいます。

第二次世界大戦後、文化や政治、宗教に限らず日本人の思想を事実上決めてきたのは、アメリカ中心のＧＨＱ（連合国軍総司令部）でした。これはどんなにリベラルな人々が否定しようが否定できない明確な事実で、良かれ悪しかれ、いまの日本人がGHQのどんな思想で育ったかを知っておくことは教育上も必要なことです。

とりわけ教育現場の中で日本人の思想に大きな影響を与えてきたのは、日教組です。日教組が昭和二十一年、GHQの民間情報教育局（CIE）の指導で作られていたことは有名ですが、厳密に言うと、GHQの命令と指導を受けた当時の文部省が、「教育の民主化」のために作らせた労働組合組織です。

この日教組の教育思想とは、いったいどんなものだったのでしょうか。

それはGHQが昭和二十（一九四五）年に出した「教育四大指令」というものでした。

これについては、拙書『GHQの日本洗脳』（光文社）などに書いていますが、占領中の日本人教育は、GHQが管理し、戦時中までの大量の教職員を追放、あるいは自主的に退職に追い込み、日本人から神道や神社に対する教育内容を完全に奪い取ります。

また、日本の修身教育や地理・国史教育を禁止し、最終的に教育勅語を教えないようにしていました。その理由は、昭和二十二年に出された「新教育方針」によると、「この（ポツダム）宣言を受け入れたことから生ずる当然の結果」「日本はまだ十分に新しくなりきれず、旧いものが残っている」だからだそうです。当時からいまに至るまで占領国の取り決めたハーグ条約によれば、被占領国は占領国の教育や宗教を変えてはならないのですが、当時の日本の教育現場は、GHQのニューディーラー（リベラル左派）による指導の結果、素直に「反省」して、あらゆる「自虐史観」を受け入れてしまったのです。

その内容の一部を見てみましょう。

「国民の再教育によって、新しい日本を、民主的な、平和的な、文化国家として建て直ほすことは、日本の教育者自身が進んではたすべきつとめである。マッカーサー指令部による政策も、この線にそつて行はれてをり、とくに教育に関する四つの指令は、日本の教育のあり方をきめる上で、きはめて大切なものである」、「日本国民は人間性・人格・個性を十分に尊重しない」、「日本国民はひはん精神にとぼしく権威にもう（盲）従しやすい」、「日本国民は合理的精神にとぼしく科学的水準がひくい」。

まさに「自虐史観」のオンパレードでした。その方針は、アメリカのリベラル教育を理想とし、日本の文部省による「アメリカリベラル教育」への大転換となりました。

左翼からリベラルへ転換した日教組

日教組は、「戦後民主主義教育の申し子」といわれますが、戦後日本の教育方針は、GHQの民間情報教育局にいたリベラルなニューディーラー派やリベラルな大学教授を中心に構成されていた「アメリカ教育使節団」など、教育関係者が決めたものでした。当時の資料を見ると、決して文部省が率先して決めたものではなかったことがよくわかります。

日教組は当初は、共産党系の左翼色が強く、一方の社会党左派は、共産党系の「全日本教職員組合」（全教）が分離し、連合ができるまで長い間、影をひそめていました。

昭和二十五年の「レッドパージ」で社会党の左派が勢いを取り戻すと、「社会党左派＝主流派」、「共産党系＝非主流派」の二つのグループが分かれて激しい抗争を行います。

この二つのグループは、共にマルクス＝レーニン主義に影響を受けていますから、「リベラル」というものではなく、「左翼」というべき存在ですが、九〇年代に日教組が連合傘下になると、それまで息をひそめていたリベラル派が前面に出てきました。具体的にはいわゆる「中間派」や「右派」と呼ばれる存在ですが、ここで初めて日教組は「リベラル派」が主流となって来たのです。

日教組の望む政策や運動方針も、実はかなり変わりました。一九五〇年代頃の「暴力革命路線」から六〇年安保の頃の「勤務評定・学力テスト反対運動」、七〇年代頃の「国旗・国歌反対運動」から八〇〜九〇年代以降の「人権・平和教育」、「環境学習」へ、そして民主党政権のできた二〇〇九年には、道徳教育である「心のノート」が廃止されました。

これを見ると、日教組は一貫して左翼教育を推奨し、勤しんで来たように見えますが、いま現在は、「暴力革命路線」はおろか、「勤務評定・学力テスト反対運動」、「国旗・国歌反対運動」は取り止めています。残りは、中国・韓国に異常に甘い人権教育や平和教育などですが、この主張はもはやリベラル派と同一に近いものとなっています。

結局、日教組は左翼からリベラルへと転換を行っていたのです。

他の労働組合にも言えますが、思想的には少なくとも九〇年代からは徐々に転向をしているわけですが、『日教組』（新潮社）を書いた森口朗《もりぐちあきら》氏によれば、日教組にはまだ「全体主義的体質」が残っていると言います。たとえば、中国共産党の軍拡路線に対する批判や韓国そのものへの批判、歴史教科書での左翼リベラル思想による記述に対する異議などは、ほとんどできません。これは彼らは「リベラル」を表看板にしながらも、共産主義という全体主義をいまだに重視しているところをよく表しています。

確かに、教師が規律を守らないと、教育現場は乱れ放題となり、いじめも解決できません。いじめの件数は、日教組がリベラル路線に転換してからかえって増え、彼らが教育ではある程度は必要な「押し付け」をできないことを象徴していると言えるでしょう。

また、ジェンダーフリー教育も日教組の方針で、教育現場に導入されることが多くなりました。これも彼らがリベラルに転換したことの証拠です。

ラブホテル通いをすっぱ抜かれた日教組委員長

そんな矢先、「週刊新潮」平成二十八年十月二十日号に、「色と欲『日教組委員長』のお好きな『池袋ラブホテル』」というタイトルのスキャンダル記事が出ました。

その中身は「聖職のケッペキさに敬意を表して宿場町と書いたが、有り体に言えばホテル街である」、「なぜか岡本《おかもと》委員長は正面左から、女性は右から入ったが、中ですぐ落ち合い、女性が部屋を選ぶと廊下の奥に吸い込まれていった」などと書かれていました。

岡本泰良《やすなが》委員長は、平成二十八年三月に大分県教組から日教組の委員長に就任し、政務活動費と似た「行動費」年間約五〇〇万円を受け取る資格があったそうです。

また岡本委員長は、銀座や赤坂のクラブに「入り浸っている」という記述もありました。別に労働組合の幹部にすぎない日教組の委員長を「聖職者」というつもりはありませんが、問題は岡本氏がこの責任から、逃げに逃げていることです。

「俺、知らない」、「あなたに言う必要ない」と取材から逃げ回り、組織内での責任も取らずに、現職の委員長を続け、ようやく辞任したそうです。

教育界のリベラル化が進む中、教師の不祥事は後を絶ちません。その風潮の中での日教組委員長のスキャンダルに対する対応は、まさに責任を取らず、「身内に甘いもの」として、親や教育界内部の落胆と失望を生みました。まさに、リベラル特有の自爆行為です。

結局、日教組は自分と自らの組織に甘く、生徒を含めて他人に厳しくできないという「リベラル体質」を生み出すだけの戦後の教育装置だったのかもしれません。

そう考えなければ、なぜ彼らが勉強できない子供を「競争がかわいそうだ」という理由で、学力のないまま社会に送り出そうとするのか、いじめを解決せずに、「いじめっ子も被害者だ」とかばう行為を続けてきたのか、「人権」という言葉を聞いただけで、なぜその人の言いなりになってしまうのか、自衛隊や米軍を批判しても、中国や北朝鮮をなぜ批判できないのか、という戦後教育の大きな問題がわかりません。

結局、日教組とは外来のリベラル思想と、共産主義思想の「ダブルスタンダード」でやってきました。しかし、その結果として戦後教育界におけるリベラルとは、日教組という組織を見るかぎり、アメリカの教育思想の庇護《ひご》の下に、学問の「専門性」や自らに甘えた「組織論」へ逃げ込むばかりでした。

その姿は、いまや組織率が二〇%台に低下し、教育現場でも日本の教育者として示しをつけるための日本人の思想とはいえないものになり果ててしまったかのようです。

流行語大賞に「日本死ね」を選ぶユーキャンのセンス

二〇一六年十二月、教育企業の「ユーキャン」が毎年行っている「流行語年間大賞」のトップテンに「保育園落ちた。日本死ね！」の言葉が入りました。

流行語大賞は、ユーキャンが選んだ審査員が事前に決め、その年に流行した日本の言葉を選んで発表するというルールです。ところが、「日本死ね」を選んだ審査員だけでなく、ユーキャンのホームページやウィキペディアでもユーキャンの会社のページが「ユーキャン死ね」と書き換えられるなどと炎上するという事態が起きました。

その年の大賞は広島カープの「神ってる」でしたが、「日本死ね」の言葉に、日本の国会議員である民進党の山尾志桜里《やまおしおり》参院議員がにこやかに授賞式に来て発表をするというイベント自体も、国民から相当反発を受けたようです。

実際に、ユーキャンのツイッターのアカウントには、こういう書き込みが行われました。

「ユーキャンの流行語大賞おかしいだろ？」

「日本死ねとか最低ですけど、反日企業ですか？」

「社会に及ぼす影響とか考えたんですか」

「貴社に学問を扱う資格はありません」

「さよならユーキャン、日本人を舐《な》めるなよ」

今回の問題は、「言葉の汚さ」ということもありますし、日本国から税金を受け取っている国会議員が「日本死ね」という言葉に賞を受けるという対応とセンスもいただけません。

なぜこのような毎年恒例の行事が狙い撃ちにあってしまったのでしょうか。

それは、今回の「流行語大賞」を選ぶ基準を決めている側と受賞する側が、両方ともリベラルであり、その思想を問われたからではないでしょうか。

まず、日本人が日本という国家を「敵」とみなせば、褒められるという感覚です。次に「寛容」な自分たちが選んでやっているんだ、という「上から目線」のエリート主義、この二つはリベラルの典型的な特徴です。これまでのマスメディア権力や権威をカサにきて、「我々が選んでいる」という雰囲気が発散されています。

それを察知し不快感を覚えたネットの世界では、選んだユーキャンと受賞した山尾氏を「死ね死ね団」とか「パヨク」(「劣化左翼」のこと)とか呼ばれていたようです。

しかし、ユーキャンや山尾志桜里氏が、「左翼」ということではありません。ユーキャンは、もともと「自由国民社」という名前の出版社から名を起こし、日本社会に貢献するしっかりとした資格試験や教育講座の事業を行ってきた社会的知名度の高い企業なのです。どちらかというと、彼らは「左翼」ではなく、「リベラル」です。もう一度繰り返しますが、「死ね死ね団」と命名された日本人たちは、「左翼」ではなく「リベラル」なのです。

いまやすっかり時代遅れとなったリベラル

それでは、どういう事情で、このようにリベラルとは、いま多くの日本人の「不快感」を催してしまうのでしょう。

それは、一つにはリベラルが「流行」に取り遅れているからです。

私はこれまでリベラルな日本人をたくさん見てきましたが、日本に対して本当の愛国心を持っている人はほとんどいません。

しかし、日本では安倍晋三《しんぞう》氏が歴代六位、戦後では四位の長期間にわたる政権を続け、文化面でも「日本の誇り」を売りにする時代が来ています。

大ヒットした映画「君の名は。」の女子高校生の主人公・三葉《みつは》は、岐阜県の神社の神主の子として生まれ、その日本らしい光景がヒットした背景にあるのは間違いありません。

この「君の名は。」については、改めてまた第七章の「神道」のところでその重要性に触れたいと思いますが、ほかにも歌謡曲では、「和楽」というジャンルが受け、日本古来の「雅楽」は、作曲家の武満徹《たけみつとおる》による「秋庭歌一具」のリバイバルを始め、ポップスとのフュージョンでは、篳篥《ひちりき》奏者の東儀秀樹《とうぎひでき》などの曲が大ヒットしています。

アニメや小説のジャンルでも、「るろうに剣心」などがヒットして、「日本刀ブーム」が起き、日本の戦国武将たちはゲームでもヒットを狙えるキャラになっています。このように、日本の伝統文化は、「最新の文化」として全国のあちこちで見直されているのです。

しかし、それに対してリベラルな文化というのは、いま決して最先端のものではなく、「日本死ね」のようなネガティブなイメージのものでしかありません。

戦後の一時期は、日本の最新の文化と「進歩的文化人」たちが支えてきた誉れ高い「リベラル文化」の栄光は、どこへ消えたのでしょうか。

ひとことで言うと、「リベラル」とは、現在では「カッコ悪い時代遅れの存在」そのものでしかありません。

何が「カッコ悪い」かというと、自分たちだけが「進歩的」「文化的」だと勝手に勘違いし、時代はどんどん先を走っているのにもかかわらず、リベラルな人たちが「自分たちは凄《すご》い」と思い込んでいるところです。

彼らは、生まれたときから「日本の伝統文化は古くてカッコ悪い」と思い込み、音楽でも演劇でも漫画でもアニメでも、どんどん日本の伝統文化が取り入れられているにもかかわらず、「欧米の文化がカッコいい」と言い張って止みません。

文化や言葉に対しても、日本独自のものでも、ハッキリと「良いものは良い」と日本人らしい潔さで褒めれば良いのに、「日本は欧米より劣っている」、「日本は悪い国だ」などと思い込んでいるところが、どうしようもなく、カッコ悪いのです。

また、日本の文化は世界の最先端を行っており、世界中の憧れであるにもかかわらず、「自分たちが欧米の文化を取り入れてやるから、お前らは黙っていろ」と言わんばかりの態度がカッコ悪いのです。

それを避けるためには、まず「日本の伝統にもよいものがある」と認め、「日本の歴史にも世界の歴史より面白いところがある」と自ら学習すればよいのですが、それを「リベラルで残念な人々」は、頑《かたく》なに「日本のものはカッコ悪い」という洗脳をされていますから、「日本に帰って来られない人々」になっているのです。

いずれにせよ、この「流行語大賞」の一件からは、リベラルが「時代遅れ」で「カッコ悪い存在の象徴」になりつつあります。これからは決して古い「リベラル」の真似をしたくないものです。

リベラル終焉の〝記念碑〟鳥越俊太郎の都知事選

日本での「リベラル失墜」を思わせる出来事は、まだまだたくさんあります。

平成二十八（二〇一六）年七月に行われた都知事選で、テレビキャスターの鳥越俊太郎《とりごえしゅんたろう》氏が出馬し、惨敗したことは日本人の記憶に残る事件だったと言えるでしょう。

七月三十日投票の都知事選を前に、保守系の小池百合子《こいけゆりこ》、増田寛也《ますだひろや》、もっともリベラルな鳥越俊太郎の三人が有力候補として出馬し、小池氏が約二九一万票、増田氏は約一七九万票、そして鳥越氏は約一三五万票という結果に終わりました。

最初の時点で、もっとも勝ち目があったのは、鳥越候補でした。タレントの石田純一《いしだじゅんいち》氏や元経産官僚の古賀茂明《こがしげあき》氏、そして共産党の推薦で前回一〇〇万票近くを獲得した宇都宮《うつのみや》健児《けんじ》氏を引きずり下ろすかたちで出馬、前回の参議院選の東京都選挙区の得票数を単純に足し算する単純計算でも、約二三七万票はゆうに獲得できるはずでした。

最大野党の民進党に加え、社民、共産、生活の党などの推薦を得ていた上に、保守は無所属で出馬した小池百合子氏と自民党と公明党の推薦する増田寛也氏が分裂を起こし、割って入る「後出しジャンケン」には打って付けの展開でした。選挙では、どんな質の悪い候補者でも、選挙戦が始まって真面目に選挙活動を行えば、得票数は基礎票から増えますので、鳥越氏が最終的に二七〇万票以上を獲得することもおかしくはありませんでした。

ところが、鳥越氏は、最初の記者会見からいきなり「失速」を起こします。

七月二日の記者会見では、「政策はわからない」と発言し、その後も「私は昭和十五年生まれです。終戦のとき、二〇歳でした」と記憶力に疑念を抱かせる発言を連発。もともと都知事選とは直接関係のない「アベ政治を許さない」に終始し、出馬するさいにも、「安倍政権を何とかしなければならない」と語っていました。

しかし、著名なジャーナリストだった割には、ほとんど政治家としての発言能力がなく、そのオールド・リベラルな思想性による言動に問題が大ありでした。

東京オリンピックの予算削減に関して、「ちょっとやってみないとわからない」と答えたり、演説では五分ももたずに、同じ発言を繰り返す。これでは、観ている人が引きます。

そしてとうとう鳥越氏を雑誌の「週刊文春」が報じる「文春砲」が襲い、大学生だった女性に対する女性スキャンダルが発覚するや、見る見るうちに失速して行きました。

七六歳の高齢でがんに四度かかった鳥越氏は、むしろ「がんの闘病経験」を売りにしていました。公約では「がん検診一〇〇%」を謳《うた》い、テレビを中心にがんの持論を展開。

昼の「バイキング」というフジテレビの番組で、小池百合子氏が鳥越氏のことを柔らかく「病み上がりの人」と表現したときのこと。鳥越氏は、その発言を聞くやいきなり激怒し始め、「これはがんサバイバーに対する大変な差別ですよ！　偏見ですよ！」、「小池さんは一度がんになったら何もできないと言っているんですよ」とブチ切れたのです。

一般的にリベラルの人は、よく「弱者」を武器に、「差別だ」といって相手を非難することが多いのですが、まさに鳥越氏がそうでした。「弱者」を売り物にするかたちで、日本版PC（ポリティカル・コレクトネス）である十八番の「差別」を連発します。しかし、鳥越氏自らは知名度があり、高収入で東京都知事選に出馬できるぐらいですから、決して「弱者」とはいえませんが、鳥越氏はそれを武器に戦おうとしていたのです。

それでも、この番組を観た視聴者やネットの住民たちからは、「最悪」、「だからリベラルはダメなんだ」という声が上がっていました。

なぜ現実を直視できないのか

鳥越氏はなぜ負けたのでしょうか。

それはスキャンダルや多くの共産党員が支持する宇都宮健児陣営との「仲間割れ」もあったのでしょう。確かに、同年七月二十一日号の「週刊文春」で、女子大生への淫行疑惑が報じられ、鳥越氏出馬との一本化のために降りた弁護士の宇都宮健児氏から、「記事そのものから見て、事実無根と考えることはできません」と一刀両断に批判されていました。

しかし、その結論を一言でいうと、「リベラルの失墜」でした。

鳥越氏はいわゆる学生運動の「六〇年安保組」ですが、七〇年安保を経て左翼運動に勤しんだあと、逃げ込んできたリベラル世代には、まったく都知事としてのリアリティがありませんでした。選挙公約に関しても、「島嶼《とうしょ》部の消費税を五％にする」などという現実性のないものばかりで、肝心の東京五輪をどうするのかを打ち出せませんでした。

最大の出馬の動機であったはずの「アベ政治を許さない」といいながら、それでいて、鳥越氏は中国の尖閣《せんかく》諸島への領空・領海侵犯事件に対しては、事前に「中国が攻めてくるなどということはありえない。妄想です」などと語っていました。

つまり、リベラル系の人物によくありがちな、「地に足がまったくつかない現実離れした候補」だったわけです。実際に、リベラルな人たちは現実と乖離《かいり》した夢ばかりを語り、他人を批判することによって生きながらえてきました。

最終的に、都知事選は、票数だけを見ると、リベラルな鳥越氏の基礎票は二三七万票あったにもかかわらず、一三五万票弱に終わりました。ということは、都民の有権者一〇〇万票以上が逃げたということになります。共産党支持層が支援しなかったこともあったでしょうが、むしろリベラルな有権者が小池百合子候補に投票したと見ざるをえません。

小池氏に関してはどちらかというと、愛国主義的、新自由主義的な思想の持ち主です。リベラルな人たちが彼女に投票したということは、リベラルに嫌気をさした有権者が「リベラル・ナショナリズム」に転向したということだと思います。

その後も小池氏は都知事として都議会の改革や東京五輪のコンパクト化を目指し、「改革路線」を続けて、多くの都民の関心を集めています。

結局、鳥越氏の「失速」と「凋落」は、日本の首都・東京におけるリベラルの終焉を物語る象徴的な出来事だったといえるでしょう。

民進党・ブーメラン議員の研究

国内外を問わず、リベラルの言動は、なぜ常に巨大なブーメランになって返って来るのでしょうか。それはこれまで、日本の政治や言論マスコミにとっての大きな謎でした。

「ブーメラン」とは、自分が言っていることとやっていることが矛盾しているため、相手への攻撃がやがて自分に跳ね返ってくる、という現象です。

それだけリベラルは、自分の言動に責任を持たずに発言や行動をしていることになるわけですが、最近では、米大統領選でリベラル派候補のヒラリー・クリントン氏がトランプ氏に、自らが勝利するということを前提に「大統領選の結果については（トランプ氏は）受け入れますね？」と突きつけていたにもかかわらず、投票が終わると、得票数の再集計を要求し、ものの見事にブーメランとなってしまいました。

また日本でも民進党の蓮舫《れんほう》代表が、あとで述べるように、自らの二重国籍問題では明らかに嘘をついていたにもかかわらず、安倍総理との党首討論では、「息をするように嘘をつく」と追及してのけました。

「いったい、どの口が言うのか」と疑問に思う人も多いようですが、日本維新の会の足立《あだち》康史《やすし》議員によれば、そのブーメランには「三類型」があり、以下のように分けられるといいます。

基本的な内容をブログから引用させてもらうと、

「一、反射型ブーメラン――深く考えずにその場の都合で言葉を発する民進党らしいブーメラン、ほとんど中身はありません。蓮舫代表が安倍総理に放った『息をするように嘘をつく』、山尾氏の『維新は法案を提出できる数をそろえてから（来なさい）』、初鹿《はつしか》氏の『まさか強行採決なんて考えてませんよね』。

二、指令型ブーメラン――上からの指令でやってるだけだから現場はグダグダ、ブーメランは飛ばずに民進党の足下に落下。私への四度目の懲罰動議はTPP採決の日、安住代行から足立を黙らせろと言われた泉健太《いずみけんた》議運委筆頭が、国会法の制約（三日ルール）から別件（外務委）で逮捕せざるをえなかった顚末《てんまつ》。

三、信念型ブーメラン――私は今年、辻元清美《つじもときよみ》議員からのこの言葉が忘れられません。『足立さん、ええもん持ってるやん。でも民進党に向けててもアカンで。私みたいにソーリ、ソーリって（政府を追及せな）！』ここまで来ると『この人を相手にしててもアカンわ』と妙に達観してしまったのを思い出します」。

という足立氏自身の経験による解説がついています。この指摘は政治の現場に立っているだけに、なかなかブーメラン現象を言い当てています。要は、民進党というリベラル派の議員の多い政党が体質的にいかに多くの「矛盾点」を持っているかということです。

さらにつけ加えれば、一の「反射型ブーメラン」は、リベラルな議員特有のもので、その特徴は、「過去をいつの間にか忘れる」というものです。

リベラル主義者は、その理念として常に「進歩主義」でなければならず、自分の歴史や過去を振り返ってはいけない、という先入観があるようなのです。

だから、自分が過去に語ったかなり危ない言動であるにもかかわらず、それを忘れて同じ過ちを繰り返してしまうのです。それは、二の指令型ブーメラン、三の信念型ブーメラン以外は、ということになりますが、一の反射型ブーメランがもっとも脳裏に刻み込まれているリベラルの「洗脳」に近く、これは「不治の病」に近いといえるでしょう。

ちなみに、蓮舫代表自身は、自らを「保守中の保守です」と自称しているようです。

しかし、これからふれていく蓮舫氏の二重国籍問題の経緯を見てみると、それこそ「自称保守」で、リベラルにありがちな「欺瞞」の最たるものでしょう。

なぜなら、蓮舫氏のように「自分の過去の歴史を都合良く忘れてしまう保守」は、過去の歴史と伝統を大事にする、という保守の思想との明らかな矛盾が出てくるため、少なくとも日本にはほとんど存在しないはずだからです。

蓮舫「二重国籍問題」の本質

このブーメラン現象でわかるように、民進党が蓮舫代表体制下で、支持率の低迷に苦しんでいるようです。

民進党といえば、日本の「リベラル政党」の代表格の存在で、野党第一党であることは言うまでもありません。

ところが昨年九月、代表に就任した蓮舫氏の低迷は、明らかに自身の「二重国籍問題」に端を発していました。この二重国籍問題については、周知のように、彼女の発言が二転三転し、物議を醸しました。リベラルの特徴がよく出ているので、改めて経緯を振り返ってみたいと思います。

事実関係だけを追っていくと、蓮舫氏は過去、「父は台湾で、私は、二重国籍なんです」(『週刊現代』一九九三年二月六日号)、「在日の中国国籍の者としてアジアからの視点にこだわりたい」(『朝日新聞』夕刊九三年三月十六日号)、「だから自分の国籍は台湾なんです」(「CREA」九七年二月号)などと、マスメディアでは自分の国籍は少なくとも「重国籍」となっていたことを認めていました。ところが、今回の代表選に当たっては、「私は日本人です」と最初に蓮舫氏自身が断言しながら、日本国籍を取得した当時の年齢についても「一七歳」、「一八歳」などとコロコロと内容を変えて発言しています。

代表選の最後の演説では、「私は一七歳から日本人です」と述べていました。その一方で、読売テレビの「ウェークアップ」という報道番組では、「私は生まれたときから日本人」と語ったりしています。

彼女がもはや嘘をついていることは明らかでした。仮に二重国籍者であったとしても、あとで述べるように、国籍法上は二〇歳になったときに国籍選択の義務が出てくるのです。この蓮舫氏の代表就任は、「二重国籍問題」の事実関係に関してもそうですが、今後多くの重大な問題をはらんでいることは間違いありません。

たとえば、日本の国籍法第一四条には、日本国籍の選択宣言の届け出を行った場合、それまでの間に、国籍選択をしなければならないという義務があります。

ところが、蓮舫氏は平成二十八年十月七日に国籍選択宣言をした、ということになっていますが、この経緯は極めて不透明です。仮に期限が過ぎても「重国籍」だった場合、「国籍法違反」ということになり、国会議員という「公人」としてその説明義務があるはずですが、その義務はいまだに十分に果たせていません。

また、蓮舫氏が二〇〇四（平成六）年、最初に国会議員として出馬したときに、選挙公報では「台湾から帰化した」と書かれていると指摘されていますが、その経歴自体が本当だったかどうか、という公職選挙法の問題があります。

何より野党第一党の党首・代表は、仮に政権交代が行われた場合、総理大臣になる可能性が極めて高く、仮に総理大臣になった場合には、自衛隊の最終的な指揮権を持ちます。

さらに二重国籍を持っていた総理大臣が指揮権を振るえば、自らの国籍を持っていた国家同士、あるいは日本と周辺諸国が戦争状態になったさいには、どちらにつくのかわかりません。だから日本の総理大臣が自衛隊の指揮権をどの国家のためにどのように使うか、という点で日本の「国家統治」と「国益」の双方にとって重大な疑念が残ります。たとえば、アメリカでは大統領は核ミサイルのスイッチを持てるため、二重国籍は絶対に許されません。

今回の二重国籍問題は、民進党という公の野党第一党の代表選で浮かんだ問題である以上、この「国家統治権」の問題が問われなければならず、一般の人のように、「民族差別」とか「多文化主義」などという文化面の問題とは基本的には関係がありません。

それを「日本と台湾の間で育った蓮舫さんがかわいそうだ」などというようなセンチメントな議論が一般社会では横行しているようです。しかし、そのリベラルな思想が、もし民進党の国会議員の脳裏にあったとすれば、逆に将来の日本国家を代表する政治判断の大きな過ちにつながる可能性が高いのです。

外国に利用されるリベラル政治家

現在、グローバル化が進んだ日本には、「重国籍者」が八〇万人近くいるとされています。パスポートを二つ以上持てることで、ビジネスに便利だったり、数多い移動に対応できたりするというメリットがあるようです。また、自らのポリシーとして、リベラルな思想の一つである「多文化主義」を体現できるという人もいるでしょう。だから「蓮舫氏を非難することはかわいそうだ」という人も多いのでしょう。

しかし、そのグローバル化の問題は、何といっても、その国家を代表するという公職の立場に就いたときのアイデンティティと国益への追求の姿勢です。

台湾国籍を持ち、北京大学にも留学している蓮舫代表は、幼いときからグローバル化によるネオリベラリズムとリベラルの間を巧みに歩んできているはずです。

それでも、日本の国会議員、あるいは政権にもっとも近い野党第一党の党首として、日本人としての義務と責任を果たさなければならないはずです。

にもかかわらず蓮舫氏は、問題を指摘されると、後付けのように台湾に関係者を派遣し、「離脱の手続きを取った」と言い出す始末でした。

こうなって来ると、普通の常識で考えて、蓮舫氏のほかの発言までもがまったく信用できなくなります。たとえば、前述の通り、彼女自身、「私は保守です」と語っていますが、この自らの思想も当てにならなくなります。客観的に見て、彼女はどう見ても先ほど述べたリベラルかネオリベラルであり、日本を守る保守という概念からはずれます。

民進党の前身である民主党のリベラルの代表格と言えば、鳩山由紀夫《はとやまゆきお》氏と菅直人《かんなおと》氏の両首相でした。しかし、鳩山由紀夫氏は自分の言ったことをすぐに覆し、矛盾に次ぐ矛盾を重ねて行ったことで知られています。また、そのリベラル性の高さは、現在でも中国主導のAIIBの顧問に就任するなど、他国に思いっきり利用されまくっています。

蓮舫氏もそのような良く言えば「ダブルスタンダード」、悪くいえば「二枚舌」を使って渡り歩く「リベラル性の高い政治家」になっていると指摘できるでしょう。

その蓮舫代表が一般の国民や周囲を呆《あき》れさせたのは、平成二十八（二〇一六）年十二月に衆議院予算委員会で行われた党首討論の場でした。

彼女は、安倍総理に対して、「息をするように嘘をつく。気持ちいいまでの忘れる力を何とかしてください」と詰め寄ったのです。

まさに自分の言葉を顧みず、見事なまでにわが身に帰ってくるブーメランでした。

リベラル派はこのように過去に語った言葉を忘れ、自分の足元を顧みないで発言することが多いのです。まさに「どの口が言うのか」という話ですね。

私は、このリベラル派の弱点は、現実の自分の置かれている立場をきちんとわきまえず、まるで他人事のように借り物の言葉による思考方法をしているからだと思います。

それは、戦後アメリカ占領軍（ＧＨＱ）が日本を占領して以来、日本人に対しては常に過去を忘れ、「アメリカ型の民主政治とリベラルな思想」を教え続けてきたこととは決して無縁ではないでしょう。つまり、リベラルとは、自分の生まれ育った国や地域の歴史と伝統を「忘れる」ことを是として刷り込まれているため、自分の過去に関しては、知らず知らずのうちに「息をするように他人に嘘をつく」という癖になるのでしょう。

リベラルでも国家意識があれば議論できる

ところで、私は一方的にリベラルの悪口ばかりを言っていると受け取られてもいけませんので、リベラルにも良い人がいるという例も見ておきましょう。

実は蓮舫代表の「嘘」を追及したのは、元通産（経済産業）省官僚の八幡和郎《やわたかずお》氏でした。

この八幡氏は自ら「リベラル派」を自認していますが、蓮舫氏に対する追いつめ方は一流でした。八幡氏は日本のマスコミに民進党を含めたリベラルの批判がしにくい、と見るや、自分のフェイスブックで、「蓮舫氏の二重国籍疑惑」を次々に明かします。

八幡氏は当初、「日本のイメージ向上につながるかもしれない」と思い、中国風のファーストネームの「蓮舫」でなく、「村田蓮舫」と名乗ってほしいと綴《つづ》っていました。夕刊紙やインターネット論壇プラットフォームの「アゴラ」の二つの連載でその疑惑を書き、蓮舫氏自身の国籍の問題を確認させたら、返答がなかなか返って来ません。

そこで、「もしや二重国籍？」という疑惑を持ち、「台湾籍放棄の証明を求めたら、大騒ぎになった」と八幡氏自身は書いていますが、ここから蓮舫氏は先に述べたようにこの問題に関する発言が二転三転することになり、ついには蓮舫氏自身が「二重国籍」であったことを認めたわけです。

その追い込み方の決め手は、自ら「やはり通産官僚としての立場に加え、また、留学先のＥＮＡ（フランス行政学院）でフランスの官僚として鍛えられたものです。展開を読みなら、さまざまなルートで情報を集め、裏を含めて情報集めだけでなく交渉しながら相手を絡め取っていくのが霞《かすみ》が関流《せき》、あるいはヨーロッパ官界の交渉術です」と明かしています。

しかし私から見ると、蓮舫氏と八幡氏の二重国籍問題に関する「リベラル派同士の戦い」という点と「どちらのリベラリストが国家意識を持っているのか」という二つの点に、大いに注目していました。もっといえば、二人のリベラル派のどちらが勝つのか、傍で見ていて高い関心を抱いていました。

というのは、私自身、蓮舫氏にも八幡氏にもそれぞれ何度も会ったことがあり、二人ともリベラル性が高い人物として見ていたからです。

このリベラル派同士の二人の違いは、蓮舫氏が相手を批判するときに自分の理想と現実の区別がつかず、地に足のつかない「絵空事」を平気で言う傾向が高いのに対し、八幡氏は過去の歴史を含めて事実に基づいてきちんと調べ、「理想は理想、現実は現実」として分けて批判を行うところにありました。

しかし、結果は八幡氏の「圧勝」でした。やはり、同じリベラル同士でも、歴史や事実に基づくリベラルは、アイデンティティがなく、歴史や伝統のないリベラルに勝てるのです。この事実は、将来のリベラルのあり方を議論するときに、大いに参考になるでしょう。

つまり、これからのリベラルは過去の歴史を踏まえていないとダメなのです。

その蓮舫氏を真似してか、民進党は自民党が議員提出を行った「IR法案」を「カジノ法案」と言い換えて国会で「ギャンブル性が高い」と追及します。蓮舫代表だけでなく、他の議員もそれに追従しました。いよいよ民進党が本腰を入れて「カジノ法案」を廃案にし、日本からパチンコやスロットマシーンを含めた「ギャンブル」が追放されるのかと思ったら、法案はやすやすと衆参両院を通過し、最後には成立してしまいました。

ところが、民進党の前身である民主党政権時代に、「カジノ法案」と同じ法案を出していたことがあとで発覚したのです。これは蓮舫氏自身が参加した民主党の「行政刷新会議」の党文書の中で、「民間事業者のカジノの解禁」と書かれているのです。

蓮舫氏は、記者会見でその事実を問われ、こう答えました。

「当時の規制改革の数あるアイテムの中の一つだという認識をしております。ただ、それをもってして、議員立法をさらに進めるべきだと私が力を入れたわけでもありませんし、政府としての成長(戦略)の中の一つの選択としてあるという程度の認識です」

民主党政権時代は、ほかにも原発再稼働や消費税の増税など、現在反対あるいは政府の追及の材料として使っている政策を推進していたのです。

このようなブーメラン現象こそ、劣化したリベラルの専売特許なのです。

結局、一般の日本人にとって笑えない問題は、自らの言葉や行動には甘く、与党に対して追及をするために国民受けするようにと、「理想論」ばかりを語るそのリベラルの体質そのものにあります。リベラルな思想による政治行動は、自らの身に跳ね返って来るような状況に陥るだけでなく、結果的に国民に対して「嘘」をついていくという「欺瞞」と「虚飾」を押し付けられることになるわけですから、不幸になるのは国民自身なのです。

お祭りや除夜の鐘にうるさいと苦情

日本の伝統文化である百八つの煩悩を祓《はら》い、大晦日《おおみそか》から新年を迎える除夜の鐘に対して「うるさい」というクレームが続いています。

産経新聞の二〇一六（平成二十八）年十二月十八日付けの記事よると、たとえば、東京都小金井市の千手院では近隣住民から「除夜の鐘を鳴らされたら困る」と抗議され、民事調停となりました。

また、静岡県牧之原市の大沢寺《だいたく》では、「いつまで除夜の鐘を鳴らしているんだ」という怒鳴り声の抗議電話が毎年のようにかかってくるようになったといいます。

最近では、「除夕《じょせき》の鐘」として日中に鳴らしたり、中止にしたりする例もあるといいますが、いつから日本人は日本の伝統文化に非寛容な態度を見せるようになったのでしょうか。除夜の鐘は、「一年の罪や科を清め、初心に返る」という意味があり、ほとんどの日本人は心待ちにしています。

しかし、リベラルな人たちはそうは考えないようです。

三月三日の女の子の桃の節句を祝うひな祭りも、リベラルの批判の対象です。

たとえば、リベラルな「地球市民の輪」というサイトでは、「ひな壇にひな人形などを飾るが、この人形はなんと天皇制を賛美しているのだ！」「内裏は天皇の住む場所、つまりお内裏様は天皇でおひな様は皇后なのである」、「天皇制について何も知らない子供たちに天皇制を押し付けることは許されることではない」と書き、「ひな祭り反対」を叫んでいます。

ほかにも、旧民主党の小宮山洋子《こみやまようこ》元厚生労働大臣のように、「ひな祭りはジェンダーフリーに反する」と考えているリベラル派もいます。

また最近では、年末の日本の恒例行事である「餅《もち》つき」も批判の矢面に立っています。日本の伝統的食文化である餅つきの「反対派」にいわせると、「不潔で汚く、食中毒にかかるから禁止すべき」というのです。実際に、地方自治体ではノロウイルスの危険性から、「餅つきの中止を強く指導している」という市町村も増えています。一方で、「子供たちや親たちの汚い手で触った餅は食べられない」というものもあります。

餅つきは日本に昔からある年中行事で、「餅つきで必ず食中毒にかかる」というのであれば、日本人は昔から食中毒でバタバタ倒れ、お正月はずっと寝込んでいなければなりませんが、そんな話は聞いたことがありません。

もし「汚い」と感じるのであれば、手にゴム手袋などをつけるか、使用前や使用後に杵《きね》や臼《うす》をきれいに洗い、返し水などこまめに換えるなど対策を立てれば良いだけでしょう。

しかし、いま日本国内には、日本の伝統文化をことさら嫌い、できれば排除したいと考える人が増えているという見方も強いのです。

これも新たな日本国内の「PC」の一つかもしれません。

実はこのような話は、一〇年以上前から神社界でもよく耳にしました。「お祭りの音がうるさい」、「神社の境内のご神木の木が張り出して来るから、木を伐採してくれないか」などという抗議が全国の各神社に寄せられていたのです。

私自身も、神社関係者から日本の伝統文化にやたらと抗議してくる「クレーマー」たちの人物像を聞いていましたが、「団塊の世代とその周辺世代で左翼リベラル的な教育に影響を受けた世代か、日本の伝統文化の教育を受けて来なかった若い人たちに多い」ということでした。日本におけるリベラルな人たちは、常に「進歩的」でなければならず、「個人」が大事で「古いものを悪」とします。日本の旧い歴史や過去に対して、「旧態依然としている」「古い過去の遺物」として振り返ることを嫌う傾向があります。

また第一章でも述べましたが、最近のアメリカでも、「ホワイトギルド」というもともとは移民であった白人の歴史やキリスト教の古い宗教文化に対する批判が行われています。それだけでなく、男女やLGBT間の「性差別」をなくす「ジェンダーフリー政策」として、「男女のトイレを別々ではなく、同じトイレにするべき」などという主張も大きくなっています。

リベラル派が好む「ＰＣ」を推進して行けば、アメリカの過去の文化が変わって行ったように、この日本の伝統行事は瞬く間に消え去ってしまうかもしれません。

リアルに笑えない「ＰＣ」が実現した日本社会

そこで、もしこのままリベラル派が拡大した場合の日本の将来について、想定されるようなシミュレーションをしてみると、ジョージ・オーウェルの『１９８４』ふうの小説をすぐ書くことができます。仮にタイトルは、「２０２４年」とします。

「東京五輪から四年経った二〇二四年――。ついに日本では『国内にいる外国人に差別的意見を言うと、〝ヘイトスピーチ罪〟として死刑』とする法案が成立した。

これは、日本に大量に来た移民をバックとする『民共リベラル党』が誕生したときの公約になっていたものである。

『民共リベラル党』は、『世界中の人々はどんな民族や出自であっても平等である』という『リベラル理想社会の構築』や『世界一の多文化共生の国家作り』を主張していた。

外国人移民・難民に対しては、『最低でも一〇〇〇万人、最大で五〇〇〇万人の移民と難民を受け入れ、将来の少子高齢化に備えよう』と国民に訴えて最大与党となっていた。

彼らは公約の中に、『日本人が移民・難民を受け入れれば、国民一人当たり、一生涯で一〇年間は働らなくても済む有給休暇制度を作る』などと謳っていた。

それらの甘いキャッチフレーズと、与党自民党に飽きて新しいリベラル的な政策を求めていた有権者からの絶大な支持を得て、政権与党となった彼らは自らの〝理想公約〟をどんどん拡大解釈して憲法や多くの法律が改正され、それを実現に移して行った。

たとえば、『移民・難民法案』を施行すると、日本に世界各国から六〇〇〇万人の外国人が続々と集結し、日本全国の都市部に比較的近い場所や地方の過疎地に、人口三万人近い移民や難民の住む『エスニック・シティ』が、一〇〇〇市町村ほど瞬く間に誕生した。

彼らは日本各地に住むようになり、社会保障や水や食料などを優先的にもらう権利を得た。そして次に「日本の歴史観や伝統文化はレイシズム」と言い始めた。

さらに『民共党』は、新たな省庁として『ＰＣ省』を作り、日本のあらゆる歴史・伝統的遺跡や神社・仏閣を〝移民・難民に対して押し付けるヘイトだ〟として、法律で禁止した。餅つき、七五三、鯉幟《こいのぼり》など、あらゆる歴史的な年中行事も禁止された。

『日本人は日本人らしく』という発想や言動は絶対厳禁で、とりわけ日本人だけが団結して日本を守ろうという行為は重罰に科せられ最低でも懲役一〇年の刑となった。そのため、公でそれを口に出すことが法律や条例で止められた。男女やＬＧＢＴ差別は、日本人であろうと外国人であろうと平等。だから、まず閣僚の数が男女同数、外国移民も二人に一人となり、あらゆる会社もそれに倣わなければならなくなった。外国人差別に関しては、とりわけ中国と韓国に関するヘイトスピーチが、一度口にすると必ず逮捕され、長い期間拘禁されるようになった。古くからいる日本人は、日本の国家から亡命を余儀なくされ、ついに日本は二〇四〇年、外国人難民・移民の国となり、日本人固有の愛国心はタブーとなった」

あらすじで言うと、こんな感じでしょうか。

ちなみに、この話の一部はリベラル勢力が増えたアメリカや欧州・オーストラリアなどで、現実化しています。

つまり、「アメリカから一〇年遅れで日本にその制度が到来する」と考えると、このようなシミュレーションも十分想定可能なのです。近い将来、日本人が日本人らしくすると、ポリティカル・コレクトネスに粛清されかねない「リベラル・ファッショ（全体主義）」の日が本当にやって来るかもしれません。

第三章 日本会議バッシングの末路

リベラル衰退と保守台頭は表裏一体

「リベラル」の歴史とその理想を述べる前に、「保守」のことを論じてみたいと思います。その理由は凋落《ちょうらく》するばかりのリベラルを論じるならば、「保守」のことも併せて論じないと、リベラルな世界でいう「フェアではない」からです。

このところ「保守」の世界が注目を集めています。

最近、世界各国で自らを守るという保守の思想が必要となり、それとは対照的に、これまでの左翼やリベラルは、退潮の一途をたどっています。

たとえば、のちに詳しく語る「トランプ現象」も「保守の復興現象」の一つです。しかし、保守が勃興《ぼっこう》するのには理由があり、それは世界でこの約二〇年間、一世を風靡《ふうび》してきた左翼や「リベラル」がいま退潮と衰退をしてきたからでしょう。

それほど第二次世界大戦後の日本の保守は、あくまで左翼やリベラル側の「カウンター勢力」として位置づけられていたにすぎませんでした。

一方、戦後の世界思想の潮流（思潮）は、トルーマン米大統領と東西冷戦の理論的構築者であったジョージ・ケナン米国務省政策局長の思想によって、「西側」と「東側」、「右翼」と「左翼」に分けられ、それらの思想のもとになった「資本主義」と「共産主義」に切り分けられて来ました。

九〇年に東西冷戦が崩壊すると、共産主義を標榜《ひょうぼう》する国家や人々は、ほとんどリベラル側へと移って行きました。ヨーロッパの西側諸国はすでに七〇年代から共産主義とは決別し、「リベラル」と「社会民主主義」にシフトしていました。

日常の経済や生活面において、東欧などでは「共産主義」から「資本主義」への移行は起きても、イデオロギーや思想の世界では、「左翼」から「右翼」へといきなり移行するわけには行かなかったからです。だから当時日本の自民党も、思想的には、これまで右から左、リベラルな思想の国会議員を多様に取り揃《そろ》え、「総合デパート化」してきました。

現在の安倍政権では、民進党の支持母体であるリベラルな連合という労働組合組織とも連携し、「同一労働同一賃金」「働き方改革」など彼らの政策を一部取り入れています。

だから、「リベラル」とは、リベラル勢力の専売特許ではなくなりました。

アメリカでは、ジョージ・ブッシュ大統領親子の時代に、「ネオ・コンサバティズム」（ネオコン）といった人たちが出ましたが、ネオコンが「共産主義」から生まれたのは有名な話です。最近では、「リベラル」が過激化し、「ネオ・リベラリスト」といった人たちが出ています。いずれにしろ、「リベラルでなければ人にあらず」といった時代が続きました。東西冷戦以降の日本国内では、やはり左翼がいきなり保守になることはまずありませんでした。その緩衝地帯としてのリベラルへと移行したのです。

それでは、「旧来型の保守」と呼ばれる人たちはどうしていたか、というと、一部の右翼団体以外の保守は、ほとんど永続的な存在が成り立ちませんでした。その中で、わずかな人たちが地道に根強く生活を営みながら保守を広める活動を細々と行っていました。のちに登場する「日本会議」の人たちも、基本的にそういった地道な活動を真面目に行っていた「旧来型保守」であったわけです。

民主党の自滅と新生保守

平成に入ってから「朝日・岩波論壇」を中心とするリベラル勢力は、日本人を貶《おとし》める「反日勢力」や、日本を批判する中国や韓国に対して、何の抵抗すら見せませんでした。それどころか、「中国・韓国を受け入れるべきである」という論調ばかりで、不安に思っている国民には何の説得力も持たなくなってきました。論壇では、保守系の産経新聞の「正論」や「WiLL」といった保守系新聞や雑誌の言論空間が広がって行ったのです。

一方で、インターネットの出現は、これまで日本のマスコミや論壇を独占していた「左翼リベラル・メディア」を駆逐して行きました。現在の情報の質と量もさることながら、過去のデータを引き出す能力に優れ、日本人にこれまでマスコミに抑えられていた時空間を超える思考と発信が一般の国民にもできるようになったからです。

左翼やリベラル系の出版物はほとんど売れず、そのため、保守陣営は活気づき、その中から「カウンター保守」や「似非《えせ》保守」というべき勢力も出てきました。これまでぬるま湯のようなリベラルな日本の風潮に浸かり、物事を変えようとしない日本の「旧来保守」に対する新しい反勢力も出てきたわけです。

決定的だったのは、平成二十一（二〇〇九）年に日本で民主党政権が誕生し、中国の漁船が尖閣諸島で海上保安庁の警備船に衝突したり、日本が深刻なデフレ経済不況に陥ったりして、日本の国家が外交・内政ともに不安定な時期を迎えたことです。

私の知る限り、この時期に新たな保守勢力が一気に出てきました。

ある人は、「私は派遣社員だが、これまで経験したことがないぐらいに生活に困窮したため、これまでの日本ではダメだと思った。とくにデフレ政策にまったく手を打たないことはおかしいので保守になりました」と語り、またある人は、「私は二〇〇八年の総選挙で民主党に投票したのですが、政権を任せてみると統治能力や安全保障がまったく当てにならないことがわかりました。この中国の軍拡の時代に民主党政権に日本を任せるという選択肢に、心の底から絶望してしまいました」と語っていました。

そして、これまで「ノンポリ・リベラル」がよいとされた日本社会で、まったく異なる若い日本人が進出し、デモや集会を行う「行動する保守」や民主党本部前で座り込みなどを行う国民が現れたものです。

「いまの日本のような何もかもダメになった国家を何とかしたい」

その切望感が新たな保守を支え、新たな熱気を生み出し、当時は新しい保守系団体が続々と生まれ、「新生保守系」の渦のエネルギーを感じられました。

確かに「リベラル政党」を自任する民主党は、国民にとっては「最低の政権」でした。鳩山由紀夫政権のときには、「最低でも県外」と言って沖縄基地問題の解決の見通しを明らかに誤らせましたし、菅直人政権のときには、東日本大震災が起きて、福島第一原発が爆発して人々を絶望と不安のどん底まで突き落としました。野田佳彦《のだよしひこ》政権のときには、ただでさえ日本はデフレ不況下で失業率が上がり、景気は上がらない状況だというのに、消費税増税を決定してしまいました。

このようなリベラル陣営の体たらくが日本の保守を一時的に再興させ、従来の左翼やリベラル論者を批判する勢力として誕生しました。

その意味で、新たな保守勢力は、いわば「カウンター保守」というべき存在となりました。漫画家の小林《こばやし》よしのり氏のように、いわゆる日米安保を守ろうとする「戦後保守」に対しては、「従米保守」、「アメポチ」などとして批判する「保守言論人」も登場しました。

一方で、アメリカとの同盟関係はあくまで大事にすべきだという「現実保守型」の人は、沖縄の米軍基地問題や政府の経済緩和政策などをめぐって対立を深めて行きました。

半面、「反日勢力」を追い落とすだけが自己目的化し、経済や社会保障を含めた現実問題にどう対処するか、あるいは「新しい保守勢力」が社会的にどういう地位を確立するかをまったく考えない勢力も存在していました。一時的な上り調子に乗じて、自ら仲間を裏切り、相手を批判するだけが目的のような「自称・保守」の人間たちです。

彼らは、日本の国家や社会に対して自然な「愛国心」を持ち、天皇陛下に対しては、尊敬の念を持つという点では共通していましたが、それ以上に多くの国民に訴えかけ、現実問題をいかにまとめ上げていくかという具体的な戦略や戦術に乏しかったのです。

すぐ分裂するのが保守の弱点

そんな中、地道に活動を行い続けることで、頭角を現したのは、「日本文化チャンネル桜」(以後「チャンネル桜」)(政治団体としては「頑張れ日本!全国行動委員会」)でした。チャンネル桜は、平成十六(二〇〇四)年に設立された水島総《みずしまさとる》氏が代表取締役を務める番組制作会社で、一時期は保守論壇全体を引っ張っていくような勢いがありました。

水島氏は静岡県生まれで、現在も「保守主義者をけん引した第一人者」という評価がある一方、現実の政治運動から縁遠いはずのTV監督出身でした。

私自身、一時期はチャンネル桜に年間五〇回近く出演し、内側からそれを見てきましたが、如実に表れた一つの現象が、平成二十五（二〇一三）年の憲政史家の倉山満《くらやまみつる》氏と水島氏の「消費税論争」のときでした。いまでは消費税増税は、「その後の景気を悪化させ、デフレから戻らなくなった」という評価がされています。しかし、当時は財務省を中心とする消費税増税路線は、経済界やマスメディアを含めて圧倒的に優勢でした。

当然、安倍総理の状況は苦渋に満ちたものでしたが、保守派も議論が大きく割れました。倉山氏はあくまで増税反対を押し通しましたが、水島氏は当初増税には消極的だったものの、なぜか途中で反対の言動を取りやめてしまったと見られたため、それをきっかけに、二人は決裂してしまいました。

驚いたのは、水島氏の周囲に対する攻撃と切り方です。チャンネル桜のオピニオン誌である「言志」の編集者で評論家の小川寛大氏によれば、水島氏は倉山氏だけでなく、私に対しても「（山村は）切れ、切れ」と怒鳴っていたそうです。私だけではなく、ほかにも多くの保守論壇の人間が「保守分裂」のあおりを受けていました。

いま振り返ってみると、「保守分裂」にはいくつもの原因がありました。

平成二十五年秋の「消費税論争」は、明らかに保守同士の「思想戦」の構図でしたが、一つは、「保守陣営は、政治的に安倍総理ならば何でも支持するのか」という論点でした。

保守自らが支持する安倍総理が消費税を上げた場合、それに従うべきか従うべきではないのか。それが「分裂」のきっかけとなったわけです。

当時、消費税に関して国民の多くは、「消費税は将来の年金や医療費など社会保障費に使われれば、引き上げても構わないのではないか」と何となく考えていました。

しかしその一方で、橋本龍太郎《はしもとりゅうたろう》内閣の平成九（一九九七）年の例を見ても、「財務省の言う通りに消費税を引き上げれば、不況に陥って国民の消費は悪くなり、政治は混乱して結果的に国民に不況がはね返ってくる」という有力な考え方もあったのです。その背景には、戦後国民の多くがリベラルであり、「国の借金や福祉や社会保障には、消費税は必要だ」という思想に傾きやすいことがあります。

私自身のスタンスは、当時の財務省の木下康司《きのしたやすし》事務次官らが国民に対するほとんど説得力のある根拠もないままに、「消費税を上げても景気はまた戻る」という極めて楽天的な分析で増税路線に走っている以上、保守派は反対を貫きとおすのが筋である一方で、「これは『政策論』だから保守が分裂しても、後遺症が残る」という考え方でした。

結果的には安倍総理は、消費税の増税を見送ったわけですが、これはいまだによい決断だった、と経済の専門家からも評価されています。

確かに一時期私は、水島氏と倉山氏の仲介にも入ろうと思いましたが、水島氏側近からは、「倉山氏を切れば番組にまた出させてやる」、「まずは倉山氏を切れ」などと直接言われ、こちらからお断りすることにしました。以後は、チャンネル桜には一切出演をしておらず、今後どう頼まれても、チャンネル桜に出演することはないでしょう。

私はその当時から、「こういう人の切り方をする人はまた同じことをするだろうな」と考えていましたが、平成二十六（二〇一四）年二月に行われた都知事選以降にも同じ構図の出来事が起こりました。水島氏とその周辺は、都知事選のときに出馬した田母神俊雄《たもがみとしお》氏を「横領罪」「公職選挙法」に違反するとして、東京地検に告訴しました。

田母神氏が出馬した都知事選と、次に続く国政選挙の件については、ネットではさまざまに報じられおり、その後裁判の判決が下りていませんので、前後の経緯をご覧いただければ有り難いですが、この告訴自体も、基本的には「正義感」にかられた水島氏側から田母神氏を「一方的に切った」と指摘されてもおかしくはないものでした。

とくに都知事選は、水島氏が「選対本部長」という選挙事務所の最大の責任者の肩書で臨み、その結果敗北して使途不明金が生まれたのですから、そう指摘されても仕方ないでしょう。手弁当で多くの人が応援し担いだ候補を、東京地検に告発したわけですが、少なくとも現段階では、田母神氏本人の「横領罪」はいまだ成立していません。

しかも今回の裁判が終わったとしても、番組で「大嘘つき」と罵《ののし》られ、背中から斬《き》りつけるような言動をされた田母神氏側には水島氏側に対して遺恨を残すのは確実で、もはやこの問題は、「分裂」と片づけられるような出来事ではなくなってしまいました。

左翼とリベラルに独占された学界へ斬りこみが甘い

左翼やリベラル側から見れば、「やはり保守や右翼はネトウヨだからダメだ」というレッテルが貼られ、実際に大勢の人が保守陣営から離れて行きました。

彼らが見誤ったと思われるのは、選挙に参入し、実に幅広い層の人々が集ってきたときの対応でした。中にはリベラルから入って来た人も大勢いました。

そして保守は一大勢力になれず、この水島氏の田母神氏への告訴によって、「五年以上立ち直れなくなった」と指摘されるような打撃を受け、千載一遇《せんざいいちぐう》のチャンスを失いました。そのような日本の保守の状況を目の当たりにして、保守陣営が「日本を守るために、どんな状況にも耐え抜き、戦略と戦術を持って打開して行ける勢力になるには、まだ内部には何かが足りない」と考えるようになりました。

私は政治の世界を三五年近く見続けているのですが、保守派は、左翼やリベラルに比べると、「独りよがり」で、「自己満足」な部分が多すぎ、大勢の「普通の日本人」の意見をまとめ切れるような客観的で広がりのある見方がなかなかできません。

また、思想的にも戦後アメリカから占領政策を受け続けたため、保守が日本を支配しているリベラル層の思想や哲学を乗り越えることは難しくなっている印象を抱いています。

ほかにも問題点として例を挙げれば、現状の保守は政治や経済だけでなく、社会保障や労働政策、あるいは司法政策といった、これまで左翼やリベラルだけでほぼ完全に独占されていた分野への食いこみ方も少なすぎます。

私は田母神氏が約六〇万票を獲得した都知事選の開票日の当日、水島氏に対して「これで次か次の段階でメジャーになれますね」と声をかけました。ところが水島氏は、何と「メジャーとは何だ！　メジャーになど、ならなくてもいい」と言い切っていました。

話の前置きが長くなりましたが、私はこの著書で、保守の弱点と限界を嫌というほど知っているがゆえに、単純に「保守が良い」と言いたいわけでは決してないのです。

むしろ日本人は、これまでの保守の思想だけではない、将来の世代が、本当に期待と希望を持てるのに耐えうる「新たな日本人思想」を探すべきだと考えているほどです。

現在では、日本の保守は、自意識や自己満足の度合いが過剰で、自分の足元すら守れなくなっている存在にすぎないような気がします。その状況と認識を変えるには、まず保守を最初から絶賛するという行為を止めなければならないと思うのです。

しかし、それにも増して問題は戦後日本を牛耳ってきた左翼やリベラル側にあります。保守を批判するよりも、まずは日本人が、自分自身の「思想」は、自分の頭で考えることが何より重要だと思います。

「保守は怖そうだから、何となくリベラルが良い」などと言うのでは、他人が考えた思想に自分の思想が乗っ取られてしまう、ということも十分ありうるわけですから。

保守分裂の間に出てきた『日本会議の研究』

しかし、二〇〇〇年代後半にようやく「このままでは日本が危ない」と考え、拡大してきた新たな保守陣営も、社会の大半の人たちの意見を十分まとめ切れていませんでした。前に述べたように、一般の日本人が自然に共感できるような思想を打ち立てたり、具体的な政策に落としこむような実務能力が基本的に欠けていたからです。

すると、保守陣営はその空白を突かれたかたちで、反撃を食らいました。

昨年五月に突如として出てきた菅野完氏の書いた『日本会議の研究』（扶桑社新書）という著書です。

私はこの本にあまり関心がわかず、発売されてから三カ月以上も正直に言って読んでいませんでした。それは、戦後の風潮がずっとそうであったように、タイトルを見た瞬間、「また保守に対するネガキャンの本が出たな」と思ったからです。

その印象は、実は読み終えたいまでもあまり変わっていませんが、一方で私自身は「これは新しいタイプの〝ネオ・リベラル〟が出てきたな」と思ったものです。

なぜ「ネオ・リベラル」かというと、その内容と著者自身の批判の土台になっている思想が「左翼かリベラル」、あるいは「ナショナル（ネオ）・リベラル」という立場からの批判になっていて、保守思想を本当に知っている日本人が読めば、ほとんど見方が極端で一方的な物言いになっているからです。

たとえば、こういう表現です。

「サラリーマンだった当時の私は、とある部局の責任者として勤務していた。その部署における顧客管理と品質管理の最終責任も私の職掌範囲であった。製造ラインなりサービス部局なりのアウトプットが、ある『偏り』や『ばらつき』を示すとき、その『偏り』や『ばらつき』には必ず、原因が存在する。（中略）こうした品質管理の手法を『保守論壇誌』そして『保守論壇誌に登場する人物』の解析に用いれば、彼らの『偏り』を生む根本原因を究明できるはずだ」（「はじめに」より）

菅野氏の認識と思想では、あくまで日本人が日本を守ろうとする保守勢力は、「偏り」であって、「修正」すべき存在だと認識しているようです。この効率性を重視する立場から物事を批判する方法は、「新自由主義」（ネオ・リベラリズム）に近く、この視点から保守を批判すると、「保守は非合理的な存在だ」という結論になりがちです。

「右翼」を名のるリベラル

菅野氏自身は「保守・右翼」を標榜していますが、以前の著作を見ると、それも信用できません。第一、日本会議への批判の対象が、最初から「右傾化の淵源《えんげん》・生長の家」という宗教団体になっていて、なおかつ「バック・ラッシュ」というリベラル陣営の常套《じょうとう》手段を使っているからです。

まず、事実関係から言っても、日本会議は現在の生長の家とはまったく関係がありません。

「バック・ラッシュ」とは、ある言説を唱えていた人間が、何らかの理由でアイデンティティを失い、不安に怯《おび》えるのを紛らわすため、他人への批判に転じるというものですが、このやり方は戦後一貫して、左翼やリベラル陣営の専売特許でした。

実際にこれまで左翼陣営やリベラル陣営は、保守を叩くときに、「非科学的だ」「人格的に問題がある」、「男らしさ女らしさを訴えるのは男女差別だ」などと判で押したような過激な批判を繰り返してきました。つまり、自分と異なる意見を述べる保守陣営に対しては、「ヘイトスピーチ」に近い非難を行ってきたはずです。

ところが、これまでの保守は、自分や人を裏切る行為は否定するものの、「同じ日本人」であると考えて、極端な「反日」勢力でなければ、たとえ「リベラル」であってもあまり批判しませんでした。どちらかというと、相手に対する感情を抑えがちで、事実に基づいた客観的な批評を行うことが不得手だったからです。

ところが、『日本会議の研究』では、そのアイデンティティを表向きは「保守・右翼」としながらも、実際にはなぜか「リベラル」の立場に立って書かれています。

最近の傾向として、ネットの世界を始め保守陣営側から左翼やリベラルに対する説得力ある批判が出始めました。これは保守陣営の中にネオ・リベラル的な思想の持ち主が入って来たという証拠でしょう。

そのような思想的な相互批判は、マスメディアからはあまり取り上げられず、むしろ意図的に「無視」や「黙殺」をされてきたのです。

ちなみに、戦後日本の「左翼思想」を持った文化人たちは、「日本国家」を「悪」として、「人民」は「善」であるという構図を敷き、かなり成功を収めました。

マルクスのように、「資本家＝権力者＝搾取家」という構図の主張に対して当時の日本人の多くに「正しいのではないか」という実感があったからです。

しかし、七〇年安保を過ぎる頃になると、左翼思想はもはやリアリティを持たず、没落して行きます。そこに現れたのが、九〇年代からの「リベラル」や「ネオ・リベラル」という勢力で、前者は寛容で穏健な手法を、後者は意見の異なる勢力を一方的に批判する手法を取りました。この『日本会議の研究』は、保守勢力に対して過激な意見を述べつつ、「生長の家」という「宗教団体が安倍政権を牛耳っている」という論理構成で展開されています。その事実関係や内容はのちに述べるように、誇張や歪曲《わいきょく》などが多いと日本会議から指摘されています。それと同時に、左翼陣営やリベラル勢力に対しては大きな説得力をもったという意味において、興味深いとは言えるかもしれません。

安倍政権と日本会議を無理やり宗教に結びつける

さて、先ほども述べたように、保守にも弱点があります。その具体的な点は、

①一般の日本人が何を考えているかが理解できず、自己満足に陥りがち
②戦略を現実に移して実践する能力に乏しい
③思想を実行する戦術面において、左翼やリベラルに劣勢に立たされる
④戦後日本には、実行力と戦略を伴う保守のリーダーが少ない
⑤「日本はこうあるべき」という思い込みが強すぎ、異なる思想の相手がいるときの相対的関係性に弱い。具体的には自らの理想が崩れ、外部から矛盾を突かれると、お互いの批判や内部分裂が始まり、相手の攻撃に耐えられなくなる

だいたい、この五点にあるといってよいでしょう。

とくに③の戦略を現実に実践する能力に乏しい点と、⑤の相対的関係性に弱い、という点は深刻です。

先に述べたように、何しろ「仲間」を背中から撃って来るのですから、これでは生き残りをかけての戦いには適していません。さらに「敵」に対する研究も、おろそかになりがちなため、これまで左翼やリベラルに対し守勢に立たざるをえませんでした。

実は、先に登場した『日本会議の研究』という本は、このような「保守の弱点」をよく突いているのですが、どうしてもリベラルな側面が否めないのです。

まず、現在の保守系団体には、「リーダー的存在とトップ不在」という実態があるため、事実上トップの座にある日本会議に対して基本的な攻撃の的を絞り、「日本会議を動けなくする」(本人弁)ことで、「一点突破」しようと試みられていることです。

なぜかというと、日本会議は、「最古の保守団体」といってもよい団体であるため、これを狙《ねら》うと、保守系団体全体に疑心暗鬼を植え付け、土台から崩せる可能性が見込めるからです。実際に、第三次安倍政権(改造前)では、「全閣僚一九名のうち一六名が、日本会議国会議員懇談会のメンバー」という点をやり玉に挙げ、これを突破口に、安倍政権を追及しようという試みがなされています。

ちなみに、日本会議国会議員懇談会には、所属する国会議員の知人が私にも多くいますが、彼らによると、「ほかの議連や懇談会と変わらない。しかし、安倍総理が加入しているので、メンバーが増えたということはあるかもしれない」と答えていました。

国会議員側に過剰な自覚はないのですが、この著作では、先に述べた保守陣営の弱点である「日本はこうあるべき」という「思い込み」や「自己満足」の部分を追及していながら、自らが「思い込み」や「自己満足」な虚像に陥っているところが散見されます。

たとえば、「こうした事実からは、安倍政権が『生長の家』政治運動の関係者という『インナーサークル』の強い影響下にあるという、由々しき事態が見えてくる」、「この証言を信ずるならば、彼らを『極めてファナティックな人々』、『特殊すぎる思想で政治運動を行う人々』と規定せざるを得ない。そして安倍政権は、このような人々に支えられ、改憲路線を突き進んでいるのだ」などという内容には、無理やり日本会議と安倍政権を「宗教」に結びつけ、「宗教が政治を左右している」というアクロバティックな印象操作を懸命にやっているとしか映らないような書き方に終始しています。

しかし、安倍政権の実態はというと、経済産業省の今井尚哉《いまいなおや》氏、長谷川榮一《はせがわえいいち》氏ら一部の官僚らに事務方を占められ、「安倍総理や菅《すが》官房長官の懐には、あの財務省官僚すら入り込めない」と指摘されているのがいまの政治の常識です。彼らの指摘する「生長の家」出身のメンバーであり、日本政策センターの伊藤哲夫《いとうてつお》氏、明星大学の高橋史朗《たかはししろう》教授、日本大学の百地章《ももちあきら》教授、そして日本会議の椛島有三《かばしまゆうぞう》事務総長らは、首相官邸にすら容易に出入りできない状況下なのに、どうやったら日本会議が安倍政権を牛耳れるのでしょうか。

さらに、「日本会議は、生長の家の元信者に牛耳られている」という内容を記載していますが、日本会議と生長の家は現在絶縁状態になっているし、元信者だからといって、政治活動すら行ってはいけないというわれはないはずです。

日本会議の田久保忠衛《たくぼただえ》会長は、「日本会議としては、批判されるのは構わない。それが妥当なものであれば、反省すべきは反省しようと思っている。ただし読んでみると、あまりにも的外れの批判が多すぎる」などと、一五〇カ所以上の問題個所があることを、月刊「Ｈａｎａｄａ」（二〇一六年八月号）で指摘しています。しかしそれも、著者の菅野氏の思想的スタンスが、リベラル、あるいはネオ・リベラルと見れば、頷《うなず》けるのです。

「週刊金曜日」に女性への性的「暴行」を暴露された菅野完

まず、「保守」と「リベラル」の違いは、その言動に関して責任を持つか否かという態度にかかってくるということは前に述べました。

また、第六章で詳説するように「ネオ・リベラル」とは、経済的には市場の競争原理を高く認めつつも、文化・社会的には、人種差別を嫌う「反レイシズム」や「ポスト・コロニアム」という路線に走りやすいのです。

菅野氏は前著『保守の本分』の中で、「私は震災前から反レイシズム運動に携わっていますが、震災後に明らかに差別デモが激しさを増していて……」と明かしていますが、現代ではこういう「反レイシズム運動」を行う人のことを、「ネオ・リベラル」と呼んでいます。さらに、「保守主義」の源流として、頭山満《とうやまみつる》らの玄洋社を挙げていますが、これも正確に言うと、彼らは「超国家主義者」であり、「保守」の枠組みに入りません。

そして「保守」であり、「右翼」というわりには、決定的な間違いをしているのは、日本の神道のことに関しては詳しくないと思われることです。たとえば「日本青年協議会」

という日本会議の青年組織の元メンバーをインタビューし、「参拝が終わった後、直会《なおらい》（註：祭事の後の打ち上げのこと）がありました」という記述がある点です。

「直会」とは、「祭事そのもの」であり、「祭事の後の打ち上げ」ではないことは、神道の祭式を少しでも知っていれば、すぐにわかります。そのような「保守」としての常識すらない理由は、彼が最近出てきた「ネオ・リベラリスト」だからなのかもしれません。

とにかく、左翼やリベラリストたちが、日本会議をあまりにも大きな「虚像」として作り上げ、メディアがこぞって持ち上げたために本は売れましたが、その一方で彼らの弱点も判明したのです。

それは、やはりリベラリストたちと同様に、事実を誇張して主張し、ときどき「ＰＣ（ポリティカル・コレクトネス）」というアメリカで行っていることそのままの言動を行うことです。実はマルクス主義を信奉した左翼主義者の常套手段として、「事実を極端に誇張し、物事をひっくり返して見せる」という手法があります。たとえば、「安保関連法＝戦争法」などと呼ぶのもその一つです。

しかしながらネオ・リベラリストもまた、その手法を真似しているのです。

ちなみに、日本会議は、決して大きな組織ではありません。

実際に彼らを取材したり面談したりして、きちんとメンバーに会ってその様子を見るとわかりますが、地元で地道に小規模な集会をこまめに開き、長い間、左翼やリベラル勢力から批判されながらも真面目に活動を続けている人たちばかりです。

「反レイシズム」というリベラル陣営の言葉を借りていうならば、彼らのような保守を白い目で見たり、蔑《さげす》んだりしてきたのは、あくまでリベラル勢力です。だから、「リベラルこそレイシストだ」と言わなければならないはずです。しかし、本物の「保守」は、ことさら「レイシスト」だの「ヘイトスピーチ」だのとは言いません。日本語を大事にする彼らはイデオロギーを問わず、言葉狩りに通じる言論や法案には反対するからです。

ところで、この『日本会議の研究』という本が売れてから、著者の菅野完氏に、スキャンダルが出ました。同じ日本会議を批判していたはずの「週刊金曜日」（二〇一六年七月十五日号）では、生活保護バッシングに対する意見広告を新聞に出す意見に賛同した女性に対して、「菅野氏は『セックスしたい』などと女性に繰り返し発言。（中略）意見広告の文面を読みあげた直後、一旦録音を止めようとした女性を押し倒した」として、性的「暴行」で訴えられていた事実を報じています。さらに同誌では、その女性の証言として「ほかの女性たちにも、ハラスメントやつきまといなどをしているようです」と記載され、ツイッターで、「慰安婦」報道に関して、「完全に『女性の人権』って観点抜けてますよね？」と批判した菅野氏だが、「この発言が自身に跳ね返ることには考えが及ばないのだろうか」と締めくくっています。

このように、自分の言動に責任を持たず、自分の足元に気づかないのが「リベラリスト」

だとすれば、「カルト」とまで批判された日本会議は一生懸命日本のために努力をしている人たちです。日本はやはりどこかおかしくなっているといわざるをえません。

保守のことは全否定しても許されるメディア

一八万部を突破した『日本会議の研究』を皮切りに、平成二十八年五月から十一月にかけて、保守系団体の日本会議に対する批判が「異常なブーム」といえるほど続きました。

まず、五月一日の『日本会議の研究』を皮切りに、朝日新聞は八回の連載、毎日新聞三回、東京新聞は二回の掲載、講談社の「週刊現代」は二回と、「リベラル・マスコミ」と呼ばれるメディアは書評に取り上げ、報道面で日本会議に対し批判的に報じました。

その後、五月十日には、『日本会議とは何か――「憲法改正」に突き進むカルト集団』（上杉聰《うえすぎさとし》著　合同出版）が出版されると、その勢いはさらに加速しました。

たとえば、『日本会議の全貌――知られざる巨大組織の実態』（六月二十日　俵義文《たわらよしふみ》著　花伝社）、『日本会議と神社本庁』（六月二十九日、島薗進《しまぞのすすむ》ほか、株式会社金曜日）、『日本会議の正体』（七月八日　青木理《あおきおさむ》　平凡社新書）、『日本会議　戦前回帰への情念』（七月二十日　山崎雅《やまざきまさ》弘《ひろ》　集英社新書）など一〇冊以上の本が出版されました。

さらに新聞では、「リベラル・マスコミ」を代表する朝日新聞が八回連載、毎日新聞、日刊ゲンダイ、小学館の「週刊ポスト」は各四回、集英社「週刊プレイボーイ」は二回、「週刊朝日」、「サンデー毎日」、「朝日ジャーナル」、「週刊金曜日」などが連載や特集を組み、まさに日本の「リベラル・マスコミ」が勢ぞろいしたという印象です。しかも、彼らの論調は、まるで判を押したように「右翼」「戦前回帰」などと同じトーンになっています。

というのはその内容が、「神社界　改憲に向け奔走」（朝日新聞二〇一六年八月五日「日本会議研究　参院選編上」）「信仰を超え改憲に一丸」（東京新聞二〇一六年四月二十六日号）という「日本会議を中心に神社界も改憲に奔走している」という論調で、「日本会議は日本最大の右翼組織であり、安倍政権の民間における強力な支持母体である」（「Jaurnalism」）という認識は、どれも瓜二つです。毛色の変わったものでは、二〇一六年五月号の「日本会議も、別姓そのものよりも、それで男性の威厳が損なわれるのが嫌なんでしょうね。だから結局は『男尊女卑』なんです」（「週刊金曜日」二〇一六年八月五日号・東京大学大学院教授・北田暁大《きただあきひろ》の発言）などがありますが、本質的にはみな同質だからです。

その資料を客観的に見ると、新聞社や出版社で色分けでは、①共産主義者を中心とする左翼マスコミ、②日本会議は憲法改正を狙っている危険な組織だ、と思い込んでいるリベラル・マスコミ、③本が売れなくて困っているから、日本会議の本や企画は売れると聞いて便乗してきた商業主義マスコミ、のだいたい三種類に分類されると思います。

彼らには明確な国家や社会に対して「革命」を起こす左翼思想を持つ場合もたまにありますが、妙なのは、「右翼や保守を叩けば自分たちが何となく安心する」というような「ノンポリ・リベラル」の人たちや、リベラルなのに批判を始める人たちでしょう。

基本的に、最近出てきた「右派」や「保守」は、「間違った思想」であり、「危険な思想」という煽《あお》り方をすることも「リベラル・マスコミ」の特徴です。

海外でも同じで、『The Economist』は、「日本会議は歴史修正主義者を集めている」、「第二次世界大戦で東アジアを解放したと戦前を賛美している」、「愛国主義で、戦前の天皇絶対主義を再現しようとしている」、「左翼の教師たちが子供たちを洗脳しようとしていると騒いでいる」などです。

ちなみに、日本会議とは、運動目標に「一、美しい伝統の国柄を明日の日本へ　二、新しい時代にふさわしい新憲法の制定　三、日本の感性をはぐくむ教育の創造　四、国の安全を高め世界の平和に貢献する　五、共存共栄の心で結ぶ世界との友好」を掲げるごく穏健な保守系政治運動団体です。

つまり、思想的な「左翼」や、「平等主義」あるいは「寛容主義」的な「リベラル」を標榜する人たちは、「中立」を謳《うた》いながら気に入らない相手を攻撃したり、批判したりするのです。私自身も、日本のメジャーなマスコミ・ジャーナリズムの世界に長く籍を置きましたが、彼らの「無責任さ」は、国民からは受け入れられていません。

バッシングの真のターゲットは安倍首相

たとえば、世界的には当たり前の集団的自衛権を法的に認める「安全保障法案」を成立させようとすると、若者の政治集団である「ＳＥＡＬＤｓ」を積極的に取り上げようとします。その一方で、安倍総理を「極右」「ネトウヨの親玉」、「ヒトラー」になぞらえてヒステリックに叩きます。

それでも安倍内閣の支持率は、一〇％程度しか落ちず、騒ぎが収まってしばらくしてからは、支持率を六〇％近くまで回復させました。もし彼らの言説が真実なら、リベラル陣営が指摘する「極右」である人物が総理大臣に就任し、「右翼・全体主義的な日本会議」という組織がそれを支えているのならば、日本はあっという間に、「軍事国家」となり、憲法改正などやすやすと実現させていなければいけません。

しかし、実際にはまったくそうなっていないのは周知の通りです。その理由は、「護憲派」の人間や、「リベラル」な人たちが頑張ってそれを阻止しているからではなく、もともと安倍政権（とくに第二次安倍政権）そのものが、「左翼」や「リベラル陣営」の意見も聞き、決して「全体主義」や「軍国主義」などを目指していないことが明らかだからです。

しかし、それでも集団的自衛権の容認や安保法案の成立など、自分たちの意に沿わない言説を行うため、嫌悪感があるのでしょう。そこで論理や政策とは無関係に、「リベラルな人たち」は、感情的に安倍政権や日本会議への攻撃を開始します。

確かにほんの二〇年前には、この「左翼メディア」や「リベラル・マスコミ」が糾弾すると、政権の一つは簡単に吹っ飛んでいた時代がありました。

九一年の宮沢喜一《みやざわきいち》内閣で、首相がテレビ朝日の田原総一朗《たはらそういちろう》氏から「政治改革ができなければ、どうしますか」と聞かれ、「総辞職する」と答えると、本当に政権が飛んでしまいました。しかし、最近はメディアの凋落が明らかになりました。いくらリベラル・マスコミが叩いても、安倍政権はビクともしないどころか、「一〇年政権」といわれています。

つまり、日本会議を批判するマスメディア勢力とは、中立を装いながら不満のはけ口を「保守政権」に向けているだけなのではないか、と一般国民にもバレてしまったのです。

『日本会議の研究』など一連の批判本を見ると、「日本会議が陰で安倍政権をコントロールしている」、「生長の家原理主義者が日本会議をコントロールしている」という単純な二つの論理によって組み立てられていることがわかります。

しかし、安倍政権の中枢である人々に聞いても、「そんな事実はない」と口をそろえて語ります。また、日本会議のメンバー幹部に聞いても、「確かに昭和五十八年に生長の家政治連合（生政連）が解散するまでは、日本会議と生長の家は友好団体という関係だったが、現在の生長の家は日本会議の各組織から脱退、すべて加入しておらず、生長の家が日本会議を牛耳っているというような話は事実無根だ」と言うのです。

要は、安倍政権と保守勢力を叩きたいだけの彼らが、こじつけ的、あるいは「弱点への一点突破的」に日本会議に攻撃を仕掛けていると当事者たちは見ているようです。

「ナショナリスト＝独裁者」は典型的な印象操作

さらには、何か別の思惑があるのではないか、という見方さえあります。

実際に、『日本会議の研究』で書かれた政策研究センターの伊藤哲夫氏や衛藤晟一《えとうせいいち》内閣首相補佐官ら「旧生長の家」のメンバーも、いまは全員「生長の家」の会員を辞めていま す。また、「生長の家」自体が、二代目の谷口清超《たにぐちせいちょう》総裁から三代目の谷口雅宣《まさのぶ》総裁にかけて、初代の谷口雅春《まさはる》総裁の保守から離脱し、リベラルへの「転向」を宣言しているのです。それどころか、安倍政権批判さえ展開しています。

要するに、日本会議を批判するリベラル・マスコミは、いまなお宗教団体である「生長の家が支配している」というおかしな構図を作り上げたがっていると見られても仕方がないのです。たとえば、「事実ではない」のに、「事実である」と言い張り、一般の読者に「嘘も一〇〇回言えば本当になる」と言わんばかりの言説を喧伝《けんでん》することも多いのです。

実はこれは、「印象操作」というキリスト教のカトリックが始め、戦後GHQが日本人に徹底的に植え込んだ典型的な「洗脳」の手法と同じです。相手を批判しながら、自分たちの組織や人がいかに優れているかを説き、仲間に加えていくというやり方です。つまり、うまく行っている日本会議に対して、実態をひっくり返そうとしているわけです。

結局、現在のリベラル陣営は、あとで述べるように、世界的に「衰退の危機」を迎えて、なりふり構わず焦っているのです。国際的には、「自由」「平等」「博愛」（友愛）という思想が、不法難民やテロの増加による混乱で、理想通りにうまく行かなくなってきました。

フランスでは二〇一五年十一月、死者三〇〇人を超えるテロが起き、オランド大統領は「戦争」を宣言しました。シリアのＩＳ（イスラミック・ステート）による犯行声明が出され、ＥＵが関与していたイスラム教のシリア難民が大量に押し寄せ、一年を過ぎても国民の不安と動揺はいまだに続いています。ＥＵは、欧州各国に二年間で二六万人のイスラム難民の受け入れを指示していますが、逆にオランダなどでは「イスラム難民の受け入れ停止」を政策に掲げる自由党が閣外協力で政権の一翼を担うようになりました。

イギリスはこの難民や移民問題が一因となってＥＵを離脱する国民投票が可決され、世界に衝撃を与えました。ドイツ、デンマーク、オーストリア、イタリアなどほかの欧州諸国でも状況は同じです。つまり、いくらリベラル側が「差別をなくせ」と口で語っても、当の自分たちが「差別」を行わざるをえない状況に追い込まれているのです。

日本でも、「リベラル政党」と呼ばれている民進党が、最初は拒絶していたはずの共産党との協力を惜しまなくなった動きと無縁とは言えないでしょう。

『日本会議の研究』を書いた菅野完氏の文章には、その「焦り」が感じられ興味深い点があります。

「極めて早い時期から、安倍晋三の再登板を熱望するかのような記事が並ぶようになる。これは奇妙なことではないか？」と自らの疑問をあからさまにしていますが、はたして「奇妙なこと」なのでしょうか？

世界の国々で、第二次世界大戦の「戦後体制」が崩れ、思想ではもっとも大きな影響力を与えてきたアメリカ中心の「リベラル・デモクラシー」が崩れつつあり、その証拠に彼らがもっとも嫌ってきた「独裁者」が世界各国の首脳として誕生しているのです。

いうまでもなく、アメリカではドナルド・トランプ新大統領、中国では習近平《しゅうきんぺい》国家主席、フィリピンではドゥテルテ大統領、北朝鮮ではすぐに倒れると言われた金正恩《キムジョンウン》委員長がまだ主席を続けています。リベラル陣営にとっては、日本でも「安倍総理は独裁者だ」と言いたいのかもしれませんが、冷静に世界の先進国を見渡してみると、多くの国際情勢は彼らの言う「独裁者」だらけと言っていいほど、卓抜した指導力を持つ「長期政権の強いリーダー」が求められているのです。言いかえれば、世界の人々は難民や移民が押し寄せ、テロが起きるような不安定な社会情勢だからこそ、強い指導者を求めているのです。

日本でも二〇一六（平成二十八）年十一月の世論調査で、就任四年目にしていまなお安倍内閣の支持率が六〇％を誇っています。これはトランプ大統領誕生直後に、安倍晋三氏が世界で初めて同氏と会談したこともありますが、にもかかわらず、リベラル陣営は、いまだに「総理大臣に長く就いてはいけない」という論調なのです。

さらに、菅野氏は、自らを「右翼であり保守である」と言いますが、そもそも菅野氏の存在を、私の周辺も含めて誰一人まったく知りませんでした。

日本会議についていうと、私自身は、機関誌で二度ほど原稿を依頼されて書いた経験があるものの、当団体のメンバーではなく、客観的に見ることのできる立場のほかに、少なくとも菅野氏よりは保守のことに通じているとの自負があります。

だからこそ、彼らの立場や思想がよくわかるのですが、彼は平成二十年頃から巻き起こった保守のブームに対して、「彼らの主張も運動手法も、私にとっては到底許せないものだったからだ」、「ヘイトスピーチが許せない」という自らの主張を繰り返していますが、これが本心だとすると、菅野氏は「右翼であり保守」ではなく、「ネオ・リベラル」であるということになります。「民族差別」や「ヘイトスピーチ」とは、特定の民族なら良くて、特定の民族なら悪いということではありません。彼の論理では、九〇年代から韓国人が日本人に対して明らかに「差別」しながら、明らかな「ヘイトスピーチ」を行っていることに対しては、まるで目をつぶるかのように、一方的に日本を断罪しています。これでは、自分へのブーメランになりかねません。

また、日本会議そのものは、「ヘイトスピーチ」を行っていないし、行っている人々の主張を聞くと、「韓国人の日本人に対するヘイトスピーチは許されて、日本人の在日を含む韓国人へのそれは許されないのか」という、一理あり頷ける内容もあります。

売り出し中の学者・三浦瑠麗の問題点

一九九〇年代以降の欧米では、「ネオ・リベラリスト」から「リベラル・ナショナリズム」を標榜する学者がすでに多数出ていました。

デビット・ミラー氏（オックスフォード大学）やヤエル・タミール氏（テルアビブ大学）らですが、彼らは「リベラルにもナショナリズム（国民主義）が必要だ」と考え、自国の国益や軍事力の行使にためらいはありません。

ちなみに、日本でも「ネオ・リベラリスト」は数多く出ています。

たとえば、最近売り出し中の現東京大学政策ビジョン研究センター講師の三浦《みうら》瑠麗《るり》氏（国際政治学）は、東大時代にリベラリストで知られる藤原《ふじわら》帰《き》一《いち》教授に学んだ「ネオ・リベラリスト」でしょう。

なぜなら、彼女は「天皇制」「天皇という役割」「日本の侵略戦争」という「左派リベラル的」な言葉を使いながら、軍事的には、「日本が集団的自衛権を行使できるのは当然可能と考えるべき」、「平和的な徴兵制」などと主張しているからです。

私自身は、このようなネオ・リベラリストを昔から多く知っていて、従来の左翼から影響を受けすぎた「オールド・リベラリスト」とは違うと好意的に認識していますが、歴史的には近現代までの歴史解釈しか行なわない傾向が高いことには不満を持っています。いずれにしろ、いま政治・外交や安全保障の世界では、三浦氏のようなネオ・リベラリストの主張がリアリティを持つ時代が到来していることは間違いありません。

日本は、自由主義の国ですから、自由主義的なリベラル思想を持っていても一向に構いません。実際に、『「リベラル」がうさんくさいのには理由がある』（集英社）を書いた作家の橘玲《たちばなあきら》氏は、自分が「リベラルである」という立場を明らかにしていますが、反対陣営側から見ても内容には説得力のあるものばかりです。しかし、自らを「右翼であり保守」と自称するのは、そうしなければ、「保守」を批判できないと思いこんでいるせいだと疑われても仕方ありません。左翼が欲しがるのは保守による保守批判だからです。

まるで、菅野氏の本の主張の内容は、「右翼であり保守である」著者が、「日本死ね」と言っているように聞こえますが、日本は言論の自由の国なので、自分の意見を表明する本を出版すること自体は構いません。

バッシング記事が逆効果に

問題は、なぜこのような本が一八万部も売れるベストセラーになったかという理由です。

これについては、私は思い当たることがあります。

三年ほど前の二〇一四（平成二十五）年頃から、リベラル系のマスメディアの中では、ある議論があちこちで行われていました。

「〝極右〟である安倍政権はなぜ倒れないのか」、「何か特別な組織がバックアップしてい

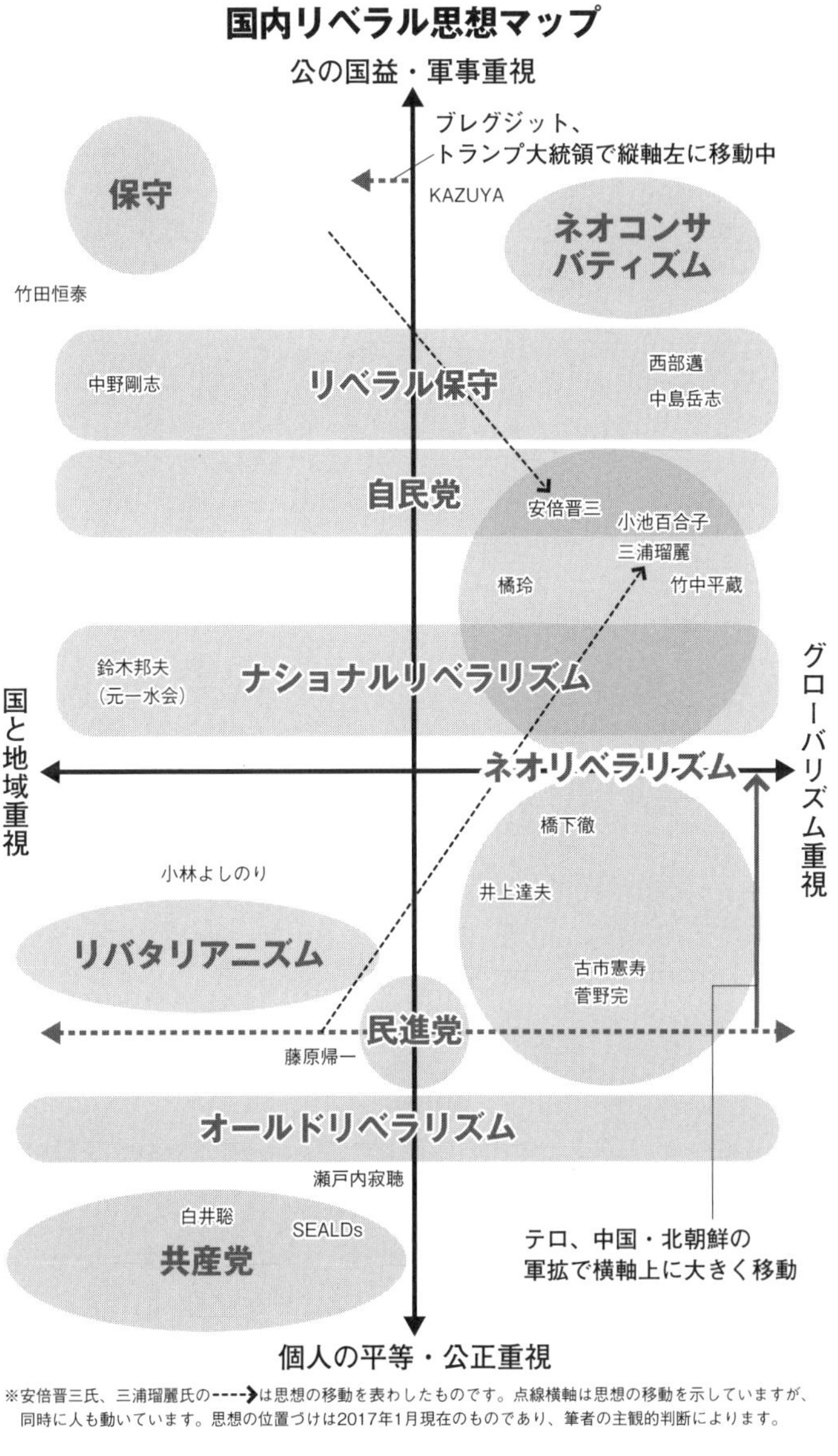

※安倍晋三氏、三浦瑠麗氏の----➜は思想の移動を表わしたものです。点線横軸は思想の移動を示していますが、同時に人も動いています。思想の位置づけは2017年1月現在のものであり、筆者の主観的判断によります。

るのではないか」、「どうも日本会議という組織がそうらしい」「怪しい組織だな。そこが安倍政権を動かしているのかもしれないな」――。

ある飲食店で同席したマスコミ人たちが口々にそう囁《ささや》き合っていました。私もこの隣の席に同席していてその内容を聞いていたのですが、彼らのほとんどは左翼かリベラルな新聞記者と大手から中小規模の出版社の編集者たちであり、日本の権力は、まさに「日本会議という巨大な秘密陰謀組織よって牛耳られている」と言わんばかりで、菅野氏らや左翼・リベラル陣営がその後続々と出版する内容そのものでした。

リベラルによる「陰謀論」は、話がどんどん膨らみ、「安倍政権を叩くためには、日本会議を批判しなければならない」という「結論ありき」の通りになっていました。

しかし、このような現実と乖離《かいり》した報道は皮肉なことに逆効果となっているようです。たとえば先に述べた「journalism」二〇一六年五月号では、神奈川新聞の田崎基記者が、「日本会議を追う」という連載記事を書き、そのときの思いをこう記しています。

「神奈川新聞はリベラルを標榜する地方紙で、これまで右派のこうした発言をほとんど掲載してこなかった。一方でそうした黙殺の積み重ねによって、右派運動の実態はつかみにくくなり、異論、反論にさらされることもなくなる。載らないと思えば記者の足は遠のく。それゆえ主張や活動が先鋭化していったのではないか」

そして日本会議を取材し、広島の集会などの記事を掲載していくようになると、知り合いの大手通信社の記者からこう苦言を呈された、といいます。

「君の書いている記事は危うい。主張に共感する人が増えたらどうするんだ。『行間を読め』というのであれば、それは無責任。だったら書かない方がいい」

さらに田崎記者は、日本会議の集会に来た人の取材で、驚くべきことを知ることになりました。自分たちが書いた神奈川新聞の記事を読んで、「日本会議に入会した」という人がいたからです。その中年の男性は、「私は神奈川新聞を見て日本会議を知ったんですよ。広島の記事。あれを見て日本会議に入りました。感じていたことがまさに書いてあった」。

田崎記者はこう書いています。

「言葉がなかった。あの記事を見て入会。そんな倒錯がありうるのか」

結局、リベラル・メディアが批判的に書いた記事が原因で、逆に日本国民の共感が増え、それで日本会議の会員が増えているというのです。

これは笑い話のような話ですが、事実です。問題はいかに日本会議を批判する側の思想が、一般国民からずれているのかという話だと私は思います。

先に述べましたが、本当に「保守」を知っている人なら、日本会議がそんなに凄《すご》い「巨大な秘密陰謀組織」であれば、もうとっくの昔に憲法の一〇条分の条文くらいは改正できていたでしょう。菅野氏自身も、『日本会議の研究』の「あとがき」の中で、「連載当初は、『巨大組織・日本会議』というイメージを私も抱いていた。しかし、事実を積み重ねていけば、自ずと、日本会議の小ささ、弱さが目につくようになった」と書いているほどですから、「それではいったい何のために書いたのか」と言いたくなりますが、重要なのは、菅野氏が「ネオ・リベラリスト」の立場で日本会議を批判していることです。

このような本を二〇万人近い人々が読み、リベラルが溜飲《りゅういん》を下げる日本社会の歪《いびつ》さがわかろうというものです。

しかしそれも、EU離脱（ブレグジット）、トランプ勝利で戦後日本を覆っていた「リベラル社会」は完全に凋落し始めたと言っていいでしょう。

問題は、戦後の保守は、左翼という「敵」がいないとすぐに組織が分裂しがちで、運動も小規模なものになるのが常でした。しかし、左翼がいなくなったいま、もし仮に保守の存在が増大しているとすれば、リベラルの人たちは、自らに原因があることをもっと素直に見つめなければならないのです。

結論を言えば、これからのリベラルなメディアは、自らの不満のはけ口を単に批判だけで終わらせることなく、「対案」を提示しなければなりません。

それは右であろうが、リベラルであろうが、ネオ・リベラルであろうが、同じのはずです。その意味で、私の目には「日本会議の批判本」は、そのほとんどが現在の普通の日本人には読むに値しないか、場合によっては有害になる可能性もあるのです。

第四章 リベラル思想の暗黒史

リベラルの語源

「リベラル」（Liberal）という言葉を英語の辞書、とりわけ学校で利用される研究社の「コンサイス英和辞典」などで引くと、まず「自由」とか「自由主義」という言葉が出てきます。そのほか、「（政治宗教上の）自由、進歩主義者」とか、「慣習（伝統、因習、権威、偏見）にとらわれない人」（ランダムハウス英和大辞典）という訳語が並びます。

もともと「リベラル」という意味は、「社会の諸制度に制約されない」というラテン語「Liber」を語源としており、その意味では「自由」ということになるわけです。

しかし、現代日本の「リベラル」とは、決まった形式やしきたりに制約されない「自由主義」あるいは「自由主義者」だけでなく、「平和主義（者）」や「平等主義（者）」、「寛容主義（者）」、「革新主義（者）」、「進歩主義（者）」などとさまざまに使われていたりします。

この英語の語源にまったくとらわれない日本語の意味の使い方もまた、「リベラルである」と皮肉を言いたくなりますが、日本人が国際社会できちんとした実践的な思想を持つためには、外国の思想を学ぶことは必要です。

「学ぶ」ことは、まず「まねぶ」ことであるからこそ、現代の日本人は、「リベラル」という意味をもう一度捉《とら》えなおすことが必要になってきます。

その理由は、最近になって「リベラル」と呼ばれる人たちの言論が、国家や社会で通用していません。その言葉に安易に頼っているだけで、もう一度独自の思想を磨いていこうという試みをしている人たちがほとんど見当たらないからです。さらにいえば、最近では、日本でも世界でも「リベラル」という思想は、自分に都合よく使いすぎて完全に矛盾を起こしているか、どう考えても「歪《ゆが》んでしまっている」としか思えないのです。

それでは、「リベラル」がいったいいつ頃から政治的イデオロギーに近い意味の表現をされるようになったのでしょうか。

そのルーツを述べると、イギリスが発祥の地で、十七世紀のジョン＝ロックの思想から始まっています。しかし、この当時はキリスト教の影響を大きく受け、「神の下の平等」という域を出ていませんでした。その後、アメリカにイギリスの清教徒が渡り、新天地でその概念を広げましたが、それはいまだに「永遠の理想」というべきもので、今回のトランプ大統領の選挙を見ても、実現されたとは言いがたいのです。

これについて、評論家の小室直樹《こむろなおき》氏が、アメリカが建国以来、「自由」と「平等」という観念を「普通選挙」という概念に結んできたことはあとで述べていきます。

「保守＝タカ派、リベラル＝ハト派」は崩れた

一方で、日本では少なくとも明治時代に「リベラル」は存在していました。

たとえば、東京大学（旧東京帝国大学）では、アメリカを発祥とした論理学や修辞学、言語学などを中心とする「自由七学」（リベラルアーツ）という意味での「リベラル」は入っていました。少なくとも大正時代の「大正デモクラシー」には、「自由主義」という意味は含まれていますから、日本の近代にも「リベラルな時代」はあったわけです。

ところが、この「リベラル」の中に、社会主義や共産主義といった全体主義になりがちの異質な意味が含まれるようになったのもまた、大正時代の頃でした。

マルクス＝レーニン主義という近代国家に対抗する概念が、この時代に旧帝国大学を中心に入り込んできたからです。これに関しては、私自身が『劣化左翼と共産党』（青林堂）で書いているので、そちらをご覧いただきたいのですが、簡単に言うと、若いエリート学生たちを中心に「進歩的な思想」としてマルクス＝レーニン主義が入り込んできたため、共産主義でさえも「進歩的＝リベラル」として見られてしまったのです。

ちなみに、人間の思想には、永遠に通用する経済思想がないように、通常は人々の間で永久に続く思想もまたない――ということになるわけですが、このリベラルという思想には、かなり永続性があります。というのは、日本の場合には「外国から新しく入ってきた思想＝リベラル」という傾向があるからです。

戦後日本の「平和主義」は、長らく日本で「ハト派」とも呼ばれてきましたが、アメリカではそうとは限りません。

なぜかというと、「ハト派」は英語で「Dovels」、「タカ派」は、英語でも「Hawks」といいますが、最近のアメリカのメディアでは、「Liberal Hawk」という言葉が頻繁に登場します。たとえば、民主党など「リベラル政党」なのに、イラクやシリアなどアメリカに批判的な中東諸国に対し、軍事作戦を含めて「強硬的に当たるべき」と考える人たちです。

とりわけ中東政策に関しては、イスラエルの影響が強い民主党の方がより強気に当たるということがよく起きます。また、ロシアがクリミアを編入したり、イスラム国（ＩＳ）に利するシリア政策に対して、強硬になりがちです。民主党だから「平和主義」ではないのですから、「民主党＝ハト派」とは限らないのです。

ところが、戦後日本では、「平和主義」という言葉を、リベラルの重要な概念の一つとして使ってきました。敗戦という悲惨な結果を受けた日本人は、「二度と戦火を交えない」ということを心して反省していたからですが、その普遍的思想は巡り回って、日本人全体に帰って行き、保守の人でも、ことさら「戦争を起こそう」などという人はまったくいなくなりました。つまり日本でも「保守＝タカ派、リベラル＝ハト派」という枠組みは崩れてしまっているわけです。

実際に、私の周りの保守派の人間には、「日本の核武装を議論しよう」という人はいても、

「何が何でも戦争を起こそう」という人は、一人もいません。第一章で述べたように、実に数多くの「保守」の人間と会いましたが、そんな人は存在しませんでした。

したがって、「平和主義」はリベラルの特徴ではありません。

ならば、日本がどう防衛し、何が戦争の抑止力になるかを現実に照らし合わせて話し合えば良いわけですが、日本の「左派」や「リベラル派」のほとんどは、そうはなりません。

彼らは、あくまで憲法九条を「一言一句変えてはいけない」という歪な絶対的平和主義者たちです。

リベラル大御所からの痛烈なリベラル批判が出た

こうした戦後リベラルの現状に異論を唱えたのが、先にも紹介した東大教授の井上達夫氏（法哲学）です。井上氏は「憲法九条削除論」を唱えて、左派だけでなくリベラル陣営内部で激しい議論になったようです。彼の論理によれば、「九条解釈としては、文理の制約上、絶対平和主義を唱えているとしか言いようがない」と主張します。つまり、憲法解釈による集団的自衛権行使を認めない「修正主義的護憲派」や、絶対に解釈までも変えないという「原理主義的護憲派」は論理性がなく、「嘘《うそ》や欺瞞《ぎまん》」を抱え込まざるをえない──というのが、その主旨でした。

わかりやすく言うと、リベラル派のうち「修正主義的護憲派」が憲法改正を認めなければ、日米安保を認める日本の安保法制は「立憲主義を認めない」という立場となります。そして、憲法九条を絶対守れという「原理主義的護憲派」は、自衛隊をこのまま違憲状態にしておいて、仮に日本が侵略された場合の安全保障を考えていないということになると主張しているのです。

そのため、井上氏のいう「リベラル派の欺瞞」とは、リベラル派が安倍政権を批判しながら、自分たちはいまいる状態に安住しているため、「安倍政権を批判する資格はない」ということになる、ということなのです。つまり、実に現在の日本のリベラル派が論理的矛盾を抱え込んでいるかがよくわかる証言です。

しかし、今後井上氏の「憲法九条削除論」がリベラル派内部で一般化し、実現するかどうかはともかくとして、「リベラル派の嘘と欺瞞」というのはその通りだと思います。井上氏自身の本の帯には、「偽善と欺瞞のエリート主義のリベラルは、どうぞ嫌いになってください！　井上達夫」とまで書かれていたほどでした。

戦後、日本のリベラル陣営内部からこれほど強い批判と矛盾が追及されたのは、おそらく初めてのことでしょう。井上氏は、『正義論』を書き、日本でも一世を風靡《ふうび》したアメリカの哲学者、ジョン・ロールズ氏に対して、民主主義の伝統を持たない社会への「リベラルの正義の適用を諦《あきら》めた」と一考の価値がある批判さえ行っています。ロールズは、「正義論」から「転向」したと思われたからです。

この発言は、これまで学界やマスコミ界、教育界で大手を振って生きてきた「リベラル」とは「正義と公正」なのか「自由と寛容」なのかという対立を生みました。

今後日本のリベラルは、もともとの英語の語源通り、「社会の諸制度に制約されないいわゆる自由主義」に立ち戻っていくべきです。もちろん、そこには一定の国家・社会的責任と義務を負ってから、モノを言うべきだと私は思います。

自分の言っていることと実際にやっていることが違う場合、「嘘をついて生きている人」と社会が見るのは当然です。

またあとで述べますが、戦後日本人は、アメリカに守られた軍事における安全保障と同じように、「思想防衛」をほとんどしてこなかったからです。

一般的に日本人は、「政治イデオロギー」とか「宗教思想」というと嫌がることが多いのですが、実は経済思想や会計思想、法思想、教育思想、宣伝思想などがあり、自分が生きている生活そのものにも「思想」があります。これを戦後は「リベラルが良い」と無理やり考えさせられてきたわけです。

そもそも「自由」と「平等」は両立しない

歴史的に第二次世界大戦からこれまでもっとも世界を覆っていたイデオロギー、つまり「主義」があるとすれば、それは「リベラル主義」ということになるでしょう。

事実、ハーバード大学教授の歴史家、ロバート・ケーガン氏は、数年前まで『二十一世紀はアメリカの世紀』と呼ばれるように、アメリカの覇権が世界の平和と繁栄、政治的自由の促進を支えてきた。アメリカのパワーは、今後も世界秩序を維持して行く上で重要な役割を果たすことになる」と語っていました。

現在の国際秩序は、「リベラルな秩序の支配的優位」のもとにこの七〇年以上、アメリカを中心に動いていたのだから、今後もそうなるだろう、というわけです。

しかし、これは極めて楽観的な意見でした。アメリカのパワーは、中国の台頭、あるいはオバマ大統領の誕生とリベラル政策の行き過ぎで、いまや明らかにケーガン氏の指摘通りにはならなくなりました。

実はケーガン氏は、「ネオコン（ネオ・コンサーバティブ＝新保守主義）の代表的論者」として知られていましたが、同時に民主党のヒラリー・クリントン氏やジョン・ケリー氏の外交顧問も務めており、民主党政権が外交・軍事ではネオコンの政策を取り入れたため、「ネオ・リベラリスト」とも呼ばれていました。それでもなお、現在のアメリカの凋落《ちょうらく》、つまり「リベラルの凋落」は明らかでした。

アメリカを中心とした民主主義国家におけるリベラルの人々の基本的思想の中に、キリスト教の「予定説」があることを見抜いたのは、評論家の小室直樹氏でした。

この小室氏は世界の思想を読み解く評論家としては一流の人物でしたが、小室氏は約二

○年前にアメリカが推進してきた民主主義とリベラルの原点をこう指摘しています。

「聖書には、明確に予定説が記されている」（例。「ローマ人への手紙」第九章一二、一五、一六、一八など。またその摂理は予定説で一貫している）

「予定説によれば、人間は〝救われる者〟と〝救われない者〟とに、このうえなく不平等に創造されている。この差別は、天地創造以前にすでになされ、すべて神の自由な意志だけによって決定されたのである」

このキリスト教の解釈について、小室氏はこう断言していました。

「人間は生まれながらにして平等なのではない。人間は生まれながらにして不平等なのである」。確かに、人間は能力、性格、身体など、さまざまに異なります。しかし、間違いない事実は、アメリカの民主主義を作ったのは、禁欲的プロテスタント（ピューリタン）が理想とした、ジョン＝ロックが一六九〇年に書いた「統治二論」という著書をモデルに作られたということです。そこにはこう書かれています。

「人間は生まれながらにして完全な自由を持つ。人間はすべて平等であり、他の誰からも制約をうけることはない」

一方、「アメリカ独立宣言」にはこう書かれています。

「すべての人間は平等に造られ、人間は生まれながらにして平等である」

これがアメリカン・デモクラシーの精神であり、私から言わせると、現在まで世界を覆ってきた「リベラルの原点」なのです。

ジョン・ロックは、アメリカ独立宣言の一〇〇年前にアメリカ合衆国の理念を書き、「三権分立」を唱えたモンテスキュー（一六八九～一七五五）、ヴォルテール（一六九四～一七七八）にも影響を与えました。それまでヨーロッパは、奴隷制と農奴制が横行する社会であり、それが当たり前で、その理想はなかなか実現されませんでした。

しかしアメリカは、その「理想を実現する国」として、アメリカ独立宣言を書きました。その共通点は、「自由」と「平等」が主役であり、それがデモクラシーの基礎となり、それぞれ「リベラル」として位置づけられて行ったわけです。

ところが、この「自由」と「平等」の概念は、明らかに矛盾しています。

個人が自由であれば、自由であるほど、努力やその能力に応じて人間はその力を発揮でき、その結果は、どう考えても平等にならないからです。

マルクス主義は、不平等だったり差別を生んだりする「原因」をひっくり返して、その「結果」まで平等にしようとして、最終的には失敗しました。

現代の日本でも、たとえば会社で、同じ年の人が同じ職場で働いていても、まったく同額の給料をもらったり、同じ職位になったりは絶対にしません。

これは、「自由」と「平等」を両立させるのは、難しいどころか、もともとまったく不可能に近いアクロバティックな思想だということを表しています。

それでも、国や人間社会の「理想」としては、「自由」と「平等」を両立させた方が良い制度だというのが、近現代の民主主義（民主制度）です。

リベラルの土台である普通選挙を軽視

その具体的な方法は、政治的には普通選挙です。財産や身分のある者だけが選挙に参加するのではなく、投票の自由をすべての人に分配する。つまり、「普通選挙」をやってこそようやく「民主主義」（民主制度）は成り立ち、リベラルは存在価値があるのです。

日本語で同じ「リベラル」を意味する「自由」と「平等」は、「民主主義では当たり前で、必然的に結びついている」と考えるのは大間違いです。その両者は、「選挙」によってかろうじて結ばれているにすぎません。

ですから、リベラル派でありながら選挙に行かない人がいれば、その人たちは自分たちの思想の成り立ちがまったくわかっていないというほかはないでしょう。日本でもアメリカでも近年国政選挙の投票率は五五％前後ですが、現在世界では、ベルギーやスウェーデン、デンマークといった国々が国政選挙で七〇％〜八〇％を記録しますので、もし「リベラル派」だというのなら、このぐらいの選挙を目指さなければなりません。日本でも世界でも投票率が三〇％に近い選挙で当選する候補者がいますが、もしその候補者が「リベラル派」である場合は、その当選は辞退すべきです。

前述のように、欧米の民主主義制度下の「リベラル」の概念は、ジョン＝ロックから始まり、アメリカの独立宣言より一〇〇年前の十七世紀イギリスのクロムウェルの「水平派（リベラーズ）」の時代から存在していたのです。しかし、少なくともイギリスでは、リベラルな思想を残念ながら最後まで実現できず、十八世紀のフランス革命とアメリカ合衆国の建国まで待たなければなりませんでした。これが教科書的な近現代の「リベラル」の成立であると言えますが、クロムウェルでさえ「普通選挙」には反対したほどでした。

さらに実際に、イギリスで「奴隷の使用の禁止」が行われたのは、一八三二年のことでした。さらに独立戦争でイギリスから分かれて独立国となったアメリカでは、一七八七年にトマス・ジェファーソンによって書かれた「独立宣言」の中において、「生命、自由、および幸福の諸権利」を入れました。つまり、人間は、そもそも「生命、自由、幸福の諸権利」を所有しており、それはロックの思想から継承したことは前に述べた通りですが、ここに「自然権」を持つ人間の「人権」の概念を付け加えたわけです。

しかしその一方で、小室氏は「デモクラシー」という言葉は、初代大統領ジョージ・ワシントンの就任演説にはまったく出てこないという重大な事実を指摘しています。「アメリカはデモクラシーの国ではなかった」というのが小室氏の意見です。なぜかと言うと、「独立宣言は、すべての人は平等である、とうたう。しかも、これは自明の理であると強調する。しかも、女性、インディアン、黒人は差別されていた。こんなデモクラシーはありえない。差別こそデモクラシーの原罪である」からだと言うのです。

現在でもアメリカでは、「デモクラシーの国」でありながら、黒人や女性、イスラム教徒などのマイノリティへの差別が起きています。また、「自明の理」であるはずのあらゆる民族を差別せず、自らの「植民地主義」を反省して、「ポスト・コロニアリズム」に走り、「価値観の多様化」を重んじるからこそ、「多文化主義」を全世界にばら撒《ま》いています。

ちなみに、「多文化主義」に関しては、日本と同じ敗戦国であるドイツのメルケル首相が、「ドイツの多文化主義は完全に失敗した」と語っています。

もともとイギリスで「リベラーズ」と呼ばれていた清教徒が移民をして起きた国だから、移民にも反対できない。「デモクラシー」の付属物である「リベラル」を完全には実現できないからこそ、アメリカの「リベラル派」の連中は、自分たちの行ってきたことを棚に上げて、ことさら「正義論」に終始し、「社会的公正さ」を無理やり保とうとする。

日本を含めた多くの国の人々がいまや、その欺瞞性や偽善性に辟易《へきえき》しているのが、第二次世界大戦後の世界の現状――ということになるのではないでしょうか。

インディアン虐殺の張本人から始まったリベラル思想

実際に、アメリカでは建国以来、ずっと奴隷の使用が認められてきました。有名な「ジャクソニアン・デモクラシー」、つまり第七代大統領のアンドリュー・ジャクソンの行った一八三〇年代の「男子普通選挙」は、政治学の世界では「快挙」と評価するリベラルな学者もいまだに多いようですが、実際には黒人奴隷の参政権を認めた「普通選挙」が実施されるのはまだのちのことです。そもそもこのジャクソン大統領は、明確な人種差別主義者でした。「マニフェスト・デスティニー」と称し、もともとの住民だったインディアン（現在ではネイティブ・アメリカンと呼ばれる）に対する、「クリーク戦争」など、数々の戦争を起こしてインディアンを虐殺し、根絶やしにしようとした張本人です。

当時米軍大佐であったジャクソンは、インディアンであれば女性だろうが子供だろうが構わず虐殺し、その死体からは鼻をもぎ取り、肉を天日干しして馬の手綱に再利用した、という残虐な経歴を持つ「初代民主党」の大統領でした。日本では織田信長が「残虐だった」という人がいますが、その比ではありません。

彼は大統領になってからも「インディアン移住法」を作り、アメリカ本土から先住民族を徹底的に追い出そうとしましたが、当時、共和党の対立候補からは「ロバ」と言われ、今回の大統領選に似た誹謗《ひぼう》中傷合戦の中で、大統領職に就任しました。

また、一八一五年の米英戦争に勝った栄誉によって、一八二九年に大統領になったジャクソンは、「卑怯者《ひきょうもの》」と呼ばれていました。その理由は米英戦争のニューオリンズの戦いで、停戦合意が終わった後に奇襲攻撃を仕掛け、それで勝利したからです。

黒人に対しても根強い差別意識と偏見を持ち、黒人奴隷も自身のプランテーションで、一〇〇人以上所有し、酷使していたそうです。このような行為は、いまの民主党の支持者の思想である「ポリティカル・コレクトネス」によれば、袋叩きでは済まない行為でしょう。それがアメリカ民主党所属の最初の大統領だったわけですから、まさに「天に唾《つば》する行為」でしょう。いずれにせよ、現在では、アメリカの白人たちの行ってきた過去の行為がどんどん暴かれ、戦後日本の教科書には、たとえ天地がひっくり返っても掲載できなかったような事実が発掘され、白日のもとに曝《さら》されるようになったわけです。

実際に最近のアメリカでは、「ホワイト・ウォッシング」という白人を徹底的に洗い流すという風潮のために、映画や芝居から白人を排除し出演させないという行為も行われています。これもアメリカのリベラル派が行ってきた反面行為としての「原罪探し」が行われているのです。そこまでやるのなら、現在二〇ドル紙幣に使われているジョンソンの肖像など止めればいいのですが、このようなリベラル派の追及の裏側に、移民のアメリカ人がこれまで行ってきた仕打ちに対する「原罪」を感じているということでしょう。

「奴隷解放の父」と呼ばれる第一六代大統領のリンカーン大統領に関しても、「リンカーンは黒人奴隷を認めていた」「本当は大嘘つきだった」という説もあるようです。リンカーン大統領の時代には、「真の奴隷解放」など行われず、本当に行われたのは、それから一〇〇年後のジョン・F・ケネディの時代だったからです。

こうした矛盾と欺瞞だらけのアメリカ合衆国が、ドナルド・トランプ氏のように「真実」

を述べ、アメリカを変える実行力がありそうな大統領を求めるのは当然のことです。しかし、戦後アメリカの本当の歴史に関しては何にも教えられず、知らない日本のリベラル派は、民主党というと「平和・人権を愛する」という何となく良いイメージを感じ、共和党というと、「ネオコン・戦争屋」という「悪いイメージ」を感じるようです。

だからこそ、アメリカ人のリベラル派と一緒になって、トランプ大統領を「人種差別主義者」とか「バカ」とか平気で語ります。しかし、アメリカ大統領の血塗られた歴史を見ればよくわかりますが、欺瞞や偽善、「嘘」と「ハッタリ」を使う大統領もいれば、本当に相手を脅すために戦争を起こして国益を拡大してきたという史実があるからです。本当は、トランプ大統領どころではないのです。

日本のリベラルはアメリカの奴隷なのか

日本人は、アメリカ民主党の「正義」を頑なに信じて誤解しているところがありますが、悪く言えば、アメリカ大統領の歴史を見ると、それは「何でもあり」の世界です。

実際に、先のジャクソンがなぜいまでも評価されているかというと、彼の大統領時代のアメリカで、女性解放運動、平和運動、宗教運動、禁酒運動などが起こり、とりわけ奴隷解放運動が大きく評価されているからです。

その頃の日本は天保《てんぽう》年間で、伊勢神宮へのお伊勢参りが流行したり、安藤広重の「東海道五十三次」の浮世絵が描かれた頃で、将来が不安ながらもまだ安穏とした時代でした。

しかしアメリカでは、十七世紀のイギリスの植民地の時代から「マサチューセッツ共和国」を始めとして、奴隷が法制度化されて「終身所有」となり（一六四一年）、その後百数十年間は、インディアンを殺しまくるという時代でした。にもかかわらず、トマス・ジェファーソンの書いたアメリカ独立宣言には、「人間はすべて平等に造られ」「自由は奪うべからざる権利である」と定めてあるのに、奴隷制については一言も触れていません。

それどころか、最初のアメリカ合衆国憲法第四条第二節三項には、「逃亡奴隷取締法」が定められ、「奴隷の人口の五分の三を人口として計算する」と書かれる始末でした。

ただ、ジェファーソンは、当初「奴隷制の禁止」を盛り込むつもりだったのが、南部諸州の激しい反対に遭って、それが採択されないのを恐れたという説もあります。

そこから約二〇〇年間かけて奴隷制を廃止し、黒人が自由を勝ち取ったというのがアメリカの表向きの歴史です。念のために言っておくと、「奴隷制」とは、人間を自分の所有物として物理的にも精神的にも支配することを正当化し、所有者側も奴隷を持つことによってその「快楽に支配される」という構造となります。独立宣言を書き、第三代のアメリカ大統領となったジェファーソン自身も、複数の奴隷を所有していたのは有名な話です。

それほど、アメリカ白人の「原罪」は、「リベラル史観」で見れば重いわけです。

しかし、率直に言えば、罪深い奴隷制を現在になってその責任を追及し、アメリカ人が

「反省した」と言っても、「何をいまさら」という感じですし、本当に彼ら全てが反省しているかどうかも疑問でしょう。アメリカの過去の奴隷制を謝罪されても、日本の中世の歴史で言えば、「七代祟《たた》られる」ような悪の所業になるからです。

ところが、むしろ現在のリベラル派は開き直ってそれを「武器」にし、世界への「啓蒙《けいもう》活動」に逆利用している感もあります。

リベラルとは、「啓蒙活動」が最終的な目的だからです。

さらに、この「原罪」を追い求めて行けば追い求めるほど、新しく来た移民や難民への「差別」を廃止して行かざるをえなくなり、収拾がつかなくなった――という状況がオバマ大統領時代のアメリカでした。新たな「奴隷解放」を行わなければならなくなったからで、それが「ポリティカル・コレクトネス（PC）」の運動に象徴されていました。

だから、それを日本人が真似をして追従していること自体がナンセンスです。

日本人には日本人の誇り高い生き方があり、アメリカが奴隷貿易などをしていた頃、すなわち徳川幕府時代の初期には、平和で安定的な暮らしをしていました。

明治維新が起き、アジアで初めて日露戦争に勝利して、白人社会に一矢を報いると、第二次世界大戦では「倍返し」をされてしまい、それで「アメリカに追従して行けばなんとかなる」と考えたのが、日本のリベラルな人たちでした。

しかし、アメリカは世界の警察官の座から自ら降り、世界はかえって激動の情勢を迎えました。それをいまになってなおさらのように、アメリカの「原罪祓《ばら》い」をしているのが、いまのリベラルな日本人たちなのです。これを「時代遅れ」と言わずに何と言うのでしょうか。もっと言えば、なぜいまになっても、アメリカの真似ばかりをして、自ら「アメリカの奴隷」の地位に陥っているのでしょうか。

日本のリベラルは、いまやもう終わっています。民主党のヒラリー・クリントン氏が大統領になっていれば、彼らの地位は安泰だったかもしれませんが、トランプ政権になってからはよほど頭と心を入れ替えないと、世界中から笑い者になるだけです。

リベラルとの決別――。いまそれは、「精神的な自立」という意味において、すごく大事なことで、まずは一般の日本人から始める目標であるべきなのです。

GHQの占領思想に毒された思想界

「リベラル」という思想は、日本にも大きく影響しています。

いまの日本人は、まず幼少のときの教育で、「差別してはいけない」、「いじめはいけない」と教えられます。

英語など語学教育や道徳教育は、ほとんどの場合、欧米の「リベラル」と日本型の「平和教育」に従った学校現場の教育方針に沿って教えられているのが現状です。

実際に、戦後の大学では戦前に「教養」と呼ばれていた内容を「リベラルアーツ」と呼び、そこでは「グローバル化」を取り込んだ教育が行われています。

ＩＣＵ（国際基督教大学）や津田塾、最近では就職率一〇〇％を誇った秋田国際教養大学があり、多くの大学で「国際教養学部」が取り入れられるようになりました。

しかし、そこでは日本人のアイデンティティや「日本らしさ」は必ずしも教えられていません。外国と比較することで、日本と日本人に関してより多面的に考察できるようになるという狙《ねら》いは理解できますが、日本人が日本のことを教えるという教育はやりにくいのです。「リベラルアーツ」は、欧米の「自由七学」を指すことは前にも述べましたが、それは日本では「学問の自由」とともに、リベラルアーツが広がっていきました。

なかには、リベラルアーツに対抗して、「アニマルアーツ」を打ち出した大学教授もいましたが、大学の教育方針の中心にはリベラルがあったことは事実です。とりわけアメリカ発のリベラルな教育が大きく影響していました。

そのため、一時期は日本人のほとんどはリベラルとなりました。

ところが、海外に出かけたときに、その教育では通用しないことを知ることになります。たとえば、海外留学を経て日本に帰ると、日本人のアイデンティティや「日本らしさ」をどうしても自らも身近に考えることになり、そのときに外国と対抗するための何かの思想が必要となりますが、日本人にはそれがなかったわけです。

また、あらゆる国家・社会の制度設計や建築物などにも、それを作った人の「思想」というものが反映します。具体的に言えば、この戦後の教育制度を作った人は、占領当時のアメリカ人ニューディーラーたちです。占領下の政府や国会という行政や立法の場で、リベラルという考え方の人物たちが反映させようとするさいに、日本の国家や社会は大きくそれと同じ思想にシフトしてしまいました。たとえて言えば、占領したアメリカ人から「日本人教育」というタイトルの映画フィルムを延々と観させられているようなものです。

映画や動画は、普段それを観る側はあまり意識しませんが、作り手のアメリカの意志と思想というものが本当は「動かないもの」であり、映画やアニメの内容、つまり、日本人の思想は「動くもの」という構図になっているのです。だから飽きるのは当然です。詳しくは、高橋史朗明星大学教授の『日本が二度と立ち上がれないようにアメリカが占領期に行ったこと』（致知出版社）や拙書『GHQの日本洗脳』（光文社）などをご覧いただきたいのですが、戦後アメリカ人たちは、「日本人を自分たちの思う通りに変えて見せよう」と考え、教育制度の根幹部分を作りました。司法制度や政治制度には、ドイツやイギリスの影響も入っていますが、戦後の教育制度は純粋に「アメリカ製」です。

だから、国や社会のより良い制度設計をするためにも、自分たちの手で自分たちの子供たちの教育制度の設計をするのだという思想が極めて大事なのです。

リベラルが「寛容」を掲げながら他人を「強制」する理由

エリートがおかしくなると、どうなるのか。

二〇〇九（平成二十一）年から三年三カ月続いた民主党政権が良い例でしょう。

たとえば、安全保障・外交戦略的に秩序と均衡を度外視した鳩山由紀夫政権の「東アジア共同体構想」の無能さは、「リベラルの弊害」として歴史に長く残るでしょう。

自分が政権を獲得したときに、リベラルによる「反転可能性」だけしか頭になかった菅直人政権の統治能力のなさは、いまでも日本人の心の痛手になっています。

ちなみに、当時民主党にいた人たちのほとんどは学歴的には「エリート」と呼んでもおかしくない人たちの集団でした。彼らは国家経済政策ではインフレを過度に敵視していたため、二〇年間近くも国民の賃金が上げられないというデフレ経済を確定的にさせ、最終的にはより頭脳明晰《めいせき》な財務官僚に利用されたかたちで、消費増税を約束してしまいました。

私は、日本と日本人にとって、これらの政策が「致命的であった」という事実を『民主党政権――悪夢と恐怖の3年3ヶ月』で書きました。

具体的には、鳩山由紀夫首相が日本国家の外交・安全保障を、菅直人首相が原発事故の「統治能力」を、さらに野田佳彦首相が、生活安全保障政策という三つの大きな国益を「反転」させてしまいました。彼らの「口だけ主義」は、戦後、学問的にもマスコミでも中心的存在役を担ってきた日本の「リベラリズム」の権威だけでなく、日本の国家の利益を文字通りひっくり返してしまったわけです。

典型的なリベラリストの彼らのように、単に国家や社会の「ひっくり返し」や「反転可能性」を標榜《ひょうぼう》するリベラル政権では、日本の安定的な国益を守ることすらできないという結果がわかってしまったのです。

もう一度整理してみると、「リベラル思想」とは、「自由」のほかに「平等」「博愛（友愛）」「公正」「正義」「平和」といった実に多くの思想概念で成り立っています。

このすべての理想を人類が実現すれば素晴らしい、という理想的な映像を見せられたのが、私は民主党政権の姿だったと思います。

ちなみに、前述の著者・井上達夫東大教授は、「リベラリズム（リベラル主義）」とは、歴史的起源としては、「自由主義」のことではなく、「啓蒙主義」と「寛容」のことであり、最終的には「正義の貫徹」をするものだといいます。

しかし、先に述べたリベラルの定義である西欧の「平等主義」とアメリカの「自由主義」の矛盾が大きくなればなるほど、リベラル主義者たちが、常に「正義の貫徹」を目標にする「社会的公正」を訴え続けるしかなくなります。つまり、むやみやたらな戦いを繰り広げることになり、日本人の「平和主義」も貫徹できなくなり、ここでもまた矛盾を起こすわけです。その姿が「ポリティカル・コレクトネス」によって現れ、他人の攻撃をひらすらしている勢力に投影されていると言ってよいでしょう。

しかも、その実態はあたかもリベラル主義者たちが国家の制度設計に関与し、国民の生活文化に関しても「強制」を行う、というようなものでした。

「リベラル」は、なぜ「寛容」という表看板を上げながらも、他人に対して「強制」に近いことを行えるのでしょうか。

その理由は、簡単に言えば、近代以降の欧米社会では、「人間」が「神の代理」というべき存在となり、「権利」を与えられた欧米人たちには、リベラルが必然的な思想だったからでしょう。なぜそれがわかるかというと、彼らにはギリシア・ローマ帝国以来の「戦い」の歴史と「奴隷制」の悪弊というものがあったからです。

十六世紀以降の欧米人たちは、カトリックとプロテスタントというキリスト教の二大宗派の宗教上の戦いを起こしましたが、それと前後して、欧州全土やロシアまで広がる広い土地の「農奴」にもキリスト教を布教しようとしていました。そこでは、常に戦いに勝ったあとの「戦利品」である「奴隷」に対しては「寛容」でなければならず、彼らを使用し続けるときには、奴隷たちを「啓蒙」をしなければならないと考えられてきました。

それが「リベラル主義」の原点にあるわけです。

宗教改革から奴隷解放、差別禁止、変わりゆく理想の行方

しかし、教会の権威主義から離脱するために始まったプロテスタントの「宗教改革」は、

ルターが「キリスト者の自由」を訴えたように、常にカトリック教会からの「自由」を「権利」を訴えなければなりませんでした。また、カルヴァンは「予定説」を唱え、カトリックたちが禁じていた信徒たちが「富」を持つことを認めました。こうして欧米に広がったプロテスタントのイギリスの改革派であったピューリタン（清教徒）が、十七世紀には「新天地」としてアメリカに渡りました。そして、「自由」「平等」「人権」を理想とした国家で、建国の祖の一人であるトマス＝ジェファーソン（第三代大統領）が一〇〇人近い奴隷の所有者であったように、多くのアメリカ人たちもアフリカからの奴隷を所有しました。

欧米からアメリカへと渡ったこの歴史的な「奴隷制度」は、経済的には南部を中心とする綿花の栽培の労働力として使役されました。一方で、社会的に奴隷は身分や移転など「移動の自由」、貯蓄など「経済的な自由」、言論に関する「言論・思想の自由」を持てなかったといえます。さらに宗教的には、アメリカ人はピューリタンの「自由」を持っているはずだったのに、奴隷に関していえば、自らの意思で働いて貯蓄をし、移動をする「自由主義」を禁じられていました。この奴隷制度は、リンカーンらが起こした南北戦争から約一〇〇年後の一九六四年の公民権法施行まで厳密には解消されませんでした。それまで奴隷制を変えられなかった人々が、もっとも好むのがこのリベラル主義なのです。

もちろん、「人権」や「思想の自由」はあってはならず、基本的に奴隷は売買される「物」と同じ扱いとなることになっていました。

民主党の「リベラル派」の本当の問題は、合衆国の暗部の歴史を振り返ると、本当は彼らが「一生涯楽をできる奴隷制から抜け出せない」ということにありました。

この酷い「奴隷制度」は、自分が楽になるように人間を差別的に扱ってきたために、アメリカでは南北戦争が終わってからも、長い間解決しなかったのです。

その代償として、多くのアメリカ人や欧米人たちは、「自由」「人権」「平等」というそれぞれ矛盾した価値観を自らの「テーゼ」として、その難題を「解決した善なる先進国民」として、全世界に彼らの新たな価値観を広げてきました。

日本も第二次世界大戦までは、欧米の価値観に批判の目を向けながら、必ずしもすべてを「善」であるとしては受け入れてこなかったのですが、敗戦によって覚悟を決めて積極的に取り入れようとしてきました。

この結末が、現代におけるあらゆる「差別問題」や「人権問題」を「政治的公正さ」や「啓蒙主義」で解決するというリベラル派の価値観につながるわけですが、この風潮は前述したように、オバマ大統領という史上初の「黒人大統領」が誕生すると、ますます加速化し、日本にもとりわけ最近は「ＰＣ」が押し寄せてきました。

現在では、すべての人権が平等にあることは言うまでもありません。しかし、この「社会的公正」や「社会的正義」は、行き過ぎると、逆に社会を息苦しいものと変えます。さらに移民や難民をいくらでも受け入れようとする政策が失敗しても、制度設計したリベラリストたちは、ほとんどの場合責任を取らないということになるのです。

大事なことは、いまこのようなリベラル派の隠し通してきた「欺瞞」や「虚飾」は、歴史を経るごとに色褪《あ》せ、次第に神通力を失ってしまったことです。

さらに言えば、世界の全体的な思想的潮流の中では、自らの足元をまったく省みないこの「理想だけのリベラル思想」では、すでに立ち行かなくなってしまったのです。

この理想主義を貫いてきたがゆえに、「責任を取らない人々」となってしまっているリベラリストたちの根幹的な失敗を次に明かしたいと思います。

第五章　国民無視の「護憲派」の正体

憲法を絶対に改正させないリベラル派の欺瞞と矛盾

衆参両院の憲法審査会が平成二十八（二〇一六）年十一月十六日から約八カ月ぶりに始まりました。日本国憲法を国会で議論することは、なかなか難しいのが現状のようです。日本国憲法を議論する、という言動は、その国のあり方を決めることであり、国民にとって重要なことであることは間違いありません。

しかし、現段階での憲法改正までの前向きな議論は、与野党の「膠着《こうちゃく》状態」から抜け出しそうになく、なかなか前に進もうとしません。その「前進」を阻むものとは、いったい何なのでしょうか。

たとえば、十六日の参議院憲法審査会では、民進党がトップバッターに出してきた白眞《はくしん》勲《くん》氏が、「立憲主義に反する」という言葉を連発しました。

日本を代表する「リベラル政党」の民進党は、自民党の改憲案についても最初から最後まで批判的です。しかし自分たちの「対案」についてはほとんど出そうとしないばかりか、

「民進党基本政策二〇一六」の中では、こういう方針を明らかにしました。

「私たちは、日本国憲法が掲げ、戦後七〇年間にわたり国民が大切に育んできた『国民主権』『基本的人権の尊重』『平和主義』の理念を堅持し、自由と民主主義を基調とした立憲主義を断固として守ります」

「そのうえで、象徴天皇制のもと、新しい人権や地方自治を含む統治機構など、時代の変化に対応した未来志向の憲法を国民とともに構想していきます」

「平和主義を脅かす憲法九条の改正には反対します。海外の紛争に武力をもって介入しない、それが憲法九条の平和主義の根幹です。自民党の憲法改正草案のように九条を変えて、制約の無い集団的自衛権の行使を憲法上認めることは許されません」

「政治、行政に恣意《しい》的な憲法解釈をさせないために、憲法裁判所の設置検討など違憲審査機能の拡充を図ります」

これは一部ですが、要は「憲法裁判所の設置」（これも「検討」と言っているだけですが）を除いては、「憲法は未来志向で構想はするが、現行の憲法改正は具体的にしない」と語っていたのです。実際に、民主党時代の岡田克也《おかだかつや》前代表は、「安倍総理とは立憲主義に対する考え方が基本的に違うので、安倍内閣の下では憲法改正論議に応じない」という内容の発言を行っています。「立憲主義に対する考え方の違い」というのは、法思想的に見ると、民進党議員の中には、「戦後東大憲法学」を信じる人たち、つまり「リベラル派」が多い、ということを表しています。

言いかえれば民進党は、戦後東大の宮沢俊義《みやざわとしよし》氏の憲法学を学び、その弟子の芦部《あしべ》憲法学などをあくまで大事にしようという考え方です。

しかし、彼らは自身が「ダブルスタンダード」を演じていることに気づいていません。つまり、国会で憲法改正をテーマに議論をしようとすると、①立憲主義に反する――と言いながら、②各法で決めればいいじゃないか――と言いだすというものです。

どこがダブルスタンダードなのかというと、立憲主義そのものが国民を代表する国会議員によって自国の憲法を作るということを認めています。にもかかわらず、たとえば議論をしようとすると、とたんに「法律で決めろ」と言いだすという点にあります。

歪な日本の法律体系

また戦後の憲法学でもっとも欠けている議論は、第二次世界大戦後に、リベラル自らがアメリカの占領軍（ＧＨＱ）に対して「超法規的な存在」になることを許していながら、自分たちが作った法律の方を大事にしてきたという二重基準です。その意味で、これまでの「リベラル派」とは「日本で一番おいしいことをやってきた人たち」であるわけです。ＧＨＱの権威を笠に着ながら、自分たちのポジションを守り続け、それを維持するためには、国民に嘘《うそ》と欺瞞《ぎまん》を振り撒《ま》いても構わないという人たちと見られても仕方ありません。

ちなみに、昔の本物の左翼の人たちは、そういう名誉や金銭を求めないだけまだましでした。左翼活動で失敗した人たちの中で、自分の思想とポジションをリベラルに変えた人たちは、あくまで自分たちのステータスを守ろうとするわけです。

憲法の話に戻りますが、日本の法律体系は、憲法を頂点にきれいな統一体をなしているとは絶対に言えないような状況になっています。

日本占領軍（GHQ）を構成する国々でもっとも主たる国、つまりアメリカが作った憲法をもとに、「言われるままに法律を作った」という歴史的事実があるからなのです。

当時の法律には、一般的には「マッカーサー指令」、専門的には「占領指令」と呼ばれ、GHQの正式な指令文書によるものは「SCAPIN」といい、日本政府が「管理法令」としてすぐに法律化されていました。国内の法案に関わる法曹関係者からは、「占領法令」として番号で呼ばれていました。とりわけ安全保障や治安面に対してはあからさまで、かつては、「日米安保に基づく刑事特別法」など七八〇〇を超える法律があったものです。

それはいまも多くが効力をなし、日本に対して有効に機能しています。先に述べた「日米安保条約に基づく刑事特別法」など、占領が終了しても法律となって日本国内に影響を及ぼしました。占領後も日本は、アメリカの「従属状態」を続けていたわけです。

ちなみに昨年成立した「安保関連法制」は、その「アメリカ従属」を解くきっかけになると言われていますが、現段階では必ずしもそうはなっていません。左翼の人たちの目には、「アメリカ追従」に映るようですが、リベラル派はそう批判されても、あくまで自分たちの既得権益を図ることが大事なのでしょう。日本のリベラルは、「アメリカ追従」の絶好の口実となることに対してはあくまで「寛容」になれないのです。

結局、アメリカの強い影響力のもとにできた日本の法制度は、戦後になってからも治安を含めた日本の安全保障面をアメリカに任せ、日本国民は占領国からは自身で守ることさえできず、重要なことはすべて「他人任せ」にするという点にありました。

さらには、戦後「左右」という政治思想の両陣営が戦い合い、お互いの立場を尊重させるどころか、物事が決まる過程や法律の条文などを使い、一般の日本人には難解で枝葉末節なことにこだわり、自分たちの言うことを聞かせようとしているわけです。

震災時に機能不全となる行きすぎた「立憲主義」

「立憲主義」は、たとえば国家が軍隊を持つことや自身で自らを守ることなど、まったく禁止していないのにもかかわらず、これまで左翼やリベラル勢力は、「危なかったら逃げろ」、「相手が攻撃しても、徹底的に専守防衛せよ」などと主張してきました。

当時、占領国アメリカに言いなりになった代表的な勢力が、日本のリベラル層です。

実際に、「砂川判決」で有名になった田中耕太郎《たなかこうたろう》氏や、横田喜三郎《よこたきさぶろう》氏などは、GHQの占領中とその後にそれぞれ第二代、第三代の最高裁長官になっていながら、常にアメリカの言い分を聞いているかのような動きを司法界ではしていました。田中最高裁長官時代に出された有名な「砂川判決」での「高度な政治的判断は、司法裁判所にはなじまない」とする「統治行為論」は、その証明ですが、その判決文が、安保関連法案の審議で「集団的自衛権は違憲ではない」という根拠に使われたのですから、歴史とは皮肉なものです。

以来、なぜかリベラル派側からの批判には、「立憲主義」と「法律で改正せよ」というダブルスタンダードが使われるようになりました。事実、その流れの持論を持つ「コニタン」、こと小西洋之《こにしひろゆき》参議院議員も、「（安倍政権では）立憲主義が失われている。こうした政治のもとで改憲議論を行って良いのか」と述べています。

しかし、日本が安全保障面で日本自らの責任を負い、本当の自主独立を果たすことは、いけないことなのでしょうか。「アメリカの言いなりになっている」のは、保守派と「リベラル派」のどちらなのでしょうか。

戦後日本の「立憲主義」に関する考え方の最大の欠点は、東日本大震災などでわかるように、非常時ですら基本的人権に対抗する国家の裁量権を認めず、縛り上げるだけで、現実に通用しないケースがあるという点です。たとえば、非常時に国家が個人の資産である土地を勝手に使うことはできませんし、個人情報保護法で保護されている災害を受けたと思われる個人の情報すら役場が見ることができませんでした。

とりわけ国家の危機的状況においては、ある程度個人の「自由」や「人権」を制限する

――という「国家緊急権」なども、リベラル派は、「絶対に認められない」と考えてしまい、日本の行く末が憂慮されるほど、右往左往することが多々ありました。

民進党は、こういう問題もすべて法律で決めるべきだと言っているのです。

実は「立憲主義」にも二つの考え方があり、古くはギリシア、近代以降は欧米を発祥とした近代憲法学による「個人の自由や人権を認める」という考え方で、もう一つは国家の力が強くなりすぎた反省から起きた現代の「憲法学」を指す場合です。前者の「個人の自由や人権を認める」という考え方については、私も賛成します。なぜなら、私自身は欧米が人々に強いてきた「奴隷制」という考え方が大嫌いだからです。

日本にはなかった欧米のような過酷な「奴隷制」

欧州各国やアメリカで行ってきた奴隷制という制度は、人が人を所有し、移動の自由や富の所有の自由を認めませんでした。よくリベラルな人は、日本にも古代や中世には、奴隷制に近い、たとえば「奴婢《ぬひ》」などのような制度があったのではないか、と主張する人もいますが、歴史上、「君民共治」という考え方のある天皇制度の下では、奴婢にしても部落に住んでいる人たちにしても、一生涯人間の富の所有や移動を一切禁じる――という欧米のように過酷な「奴隷制」に当たるものはありませんでした。

しかし、第一次世界大戦と第二次世界大戦という二つの戦争以来の「立憲主義」という考え方には、注意が必要です。その理由は、「戦勝国」が「戦敗国」に対して、いつまでも「服従と屈辱」という新たな「奴隷制」を強いるものだからです。

少なくともリベラルの思想からいうとそうなるはずですが、日本の場合おかしなことに、ほとんど議論されません。

それはなぜかというと、日本では先の第二次世界大戦の「敗戦」を絶対のテーゼとして、物事をすべて考えてしまうリベラル派が各界に存在するからです。

たとえば、彼らは「日本は戦争に負けたのだから、軍備を持ってはいけない」、「日本は敗戦国だから、外国に対して反論してはいけない」という考え方です。

それを敗戦によって「日本人もアメリカ人と同じになりたい」とか「日本も欧米諸国と同じ思想を持たなければダメである」などと頑なに信じ、あまつさえそれを人に強要することなど、いまの時代にはもっとも合わない考え方だといえるでしょう。

その人の個性や「その人らしさ」があるのと同じように、日本には日本らしさ、その時代なら時代らしさが存在し、それが「価値観の多様化」の時代と適合し、世界的に認められるようになってきたからです。ちなみにインドのネール首相は、「憲法改正していない国の国民は、進歩がない」と語っていますが、いまや日本のリベラル派ほど、進歩性のない人たちはいません。

その意味では、日本は地震や台風、津波などの世界でも有数の災害大国であり、そこに国家として「個性」があります。しかも重大な災害時において、個人の「自由」と「人権」を無限大に認めてしまうと、政府が動けないという特殊な事態が生じます。

民進党は、それを含めてあらゆる危機的事態を「法律の整備」で行うとしていますが、法律の整備という点で、何か起きるかわからない災害にすべて対応できるのでしょうか。実際に、二〇一一年三月十一日の東日本大震災のときに、「リベラルな政治」を標榜《ひょうぼう》していた菅直人首相は、緊急事態の対応が大混乱となり、原発事故を含めて多くの被害を拡大させてしまいました。致命的だったのは、自分のリーダーシップを見せようと事故直後の福島原発を視察しに行き、首相官邸の統治機能を失わせてしまったことでした。

つまり、リベラルとは、「自由が大事」、「人権が大事」、「平和も大事」、「安全も大事」、「命を救うことも大事」、「リーダーシップも大事」というように何もかも得ようとして、大事な行動理念の目的や焦点がぼやけてしまい、結果的に国民のためにはならない政治となりやすいのです。

安全保障面でいうと、リベラル派がよく言う日本の自衛隊による「集団的自衛権は違憲だ」という考え方と、「個別的自衛権なら合憲だから、個別的自衛権の範囲内で決めよう」という考え方は、「自衛隊」そのものを「憲法の私生児」とすることとの矛盾であるとの指摘が、最近リベラル派の中から出てきたからです。本書で何度も取り上げた井上達夫氏の議論です。

わかりやすく言うと、憲法九条二項には、「陸海空軍その他の戦力は、これを保持しない。国の交戦権は、これを認めない」と記され、明らかに自衛隊という存在を「違憲」として捉えていながら、この条文をそのままにしているのは、自衛隊を「憲法の私生児」にしているというわけです。リベラル派は自衛隊を「憲法の私生児」としてその恩恵を受けながら、いざというときに動かそうとする「解釈改憲」も認めないのです。

この議論自体は、「憲法をまま子扱いするな」という昔から保守の間で主張されてきたものですが、いざ安倍政権が「集団的自衛権」を解釈改憲で行おうとすると、とたんに反対するのは、これまでの日本国内の左派やリベラル派の典型的な特徴でした。

建前では「命を救う」「命を守る」と言いながら、有事や緊急事態に思考停止となるのがリベラルです。だとすれば、「リベラル」とは、究極的に「日本人にとって百害あって一利なし思想である」ということになります。だから、やはり国のあり方として、日本国憲法に「緊急事態条項」を明記しておくということは重要な論点でしょう。

その意味で、現在の民進党は、リベラルという「建前」にとらわれすぎ、大事なことを決められませんでした。今回民進党は「改憲」ではなく、議論そのものに「反対」を唱えずに、消極的な姿勢を示してきたと言えますが、それは自らの論理矛盾をかわす効果もあります。

リベラル派の論理が崩壊する中、最近朝日や毎日などの憲法改正に反対するリベラル陣営と攻撃の対象となっている日本会議の問題が焦点化し始めたのです。

日本会議関係者によれば、「菅野氏を利用したリベラル・マスコミは共産党の方針と一致し、その目的そのものが、安倍政権下での憲法改正阻止にある」と語っています。

リベラルが「憲法改正阻止」に走るというのは、本来リベラル社会が有しているはずの「法の下の自由性」を封じることになり、自己矛盾そのものです。リベラル派にさえ井上達夫氏のように、「憲法九条削除論」という言論が上がっているいま、この現象そのものが、リベラルが本来の自己目的を失った「反動行動」と言えるでしょう。

防衛政策を勉強しない護憲派

トランプ大統領が日本に対して突きつけているもの、それは「日本の自立」の問題です。占領終結後、日本は一貫して経済は独立国としてその自由を謳歌《おうか》してきた代わりに、基本的に安全保障面はアメリカに任せてきました。

そのため、日本が防衛政策を論じ安全保障面で自立しようとしたとたんに、「日本は憲法改正をして軍事大国になるのではないか」と批判されることが多いのです。

実際に、二〇一五（平成二十七）年、安保関連法案が成立すると、「戦争法案」と叫ぶ勢力が存在しました。それが、共産党などの左翼政党と、民進党（当時は民主党）や市民団体などの「護憲派リベラルグループ」でした。

しかし、彼らの主張は本当に現実的なのでしょうか？

第二次世界大戦で敗北した日本人が国内で「平和が大事」、「軍事国家はいらない」という理想主義を主張するのは理解できますが、いざというときに、「何も考えない」というのでは、家族や子供たちも守ることができません。なぜなら、リベラル派は世界の安全保障や軍事理論と思想である「リアリズム」（現実主義）や「プラグマティズム」（実践主義）を理解していないからです。現在の世界の軍事のポイントは、いかに事前に戦争やテロを封じ込めるかにあります。それを知らなければ、欧州のように、移民や難民を受け入れすぎて国家や社会に不満を持つ層が増えたことによるテロなどが起きると、自分すら守れない状況になりがちです。

「自分たちの身を自分で守ろうとしない人たち」が、これまでのリベラル勢力であったとすると、今後は彼らも大きく考えを改める必要が出てきました。その現象は、実は戦後リベラルな日本人がいかに自国や社会の安全保障を考えてこなかったか、あるいは軍事に関していかに無知だったのかをよく表しているのです。

現時点から振り返ってみると、一九八七年に出版されたポール・ケネディ氏（イェール大学教授）の著書で描かれた『大国の興亡』は、大英帝国と同じように、「アメリカの衰退」が起きると予測し、結果的には当たっていました。

確かに、一九九〇年代から二〇一〇年代にかけてのアメリカは、「ＩＴ革命」や「金融改革」などのイノベーションにより、一時期世界経済は持ち直したように見えましたが、軍事的には超大国である一九五〇年代のようなアメリカ主導の西側体制によって旧ソ連の東側体制と対峙《たいじ》し、圧倒的な軍事力で世界の統合を可能とする「バランス・オブ・パワー」は失われていたのです。

とりわけ湾岸戦争後のイラク戦争とアフガニスタンの「タリバン」との戦争は、アメリカの財政赤字を膨らませ、国際政治的にも、民主党政権下のアメリカでオバマ前大統領は、軍事面において「世界の警察」の座を降りることを公式に宣言し、文化面での「多民族共生社会」と同時に、安全保障面での「多極分散化社会」をもたらしました。

少し難しい話になりますが、それは国際秩序の点からいえば、九〇年代以降の「多極分散化社会」は、それぞれの国家が軍事面で大国であったアメリカにできるだけ頼らずに、自立しまた自生しようという試みでもありました。

九〇年に自衛隊を紛争が起きていたカンボジアへＰＫＯに派遣し、近年安全保障法制を強化する、という日本政府の方向性は、この世界情勢と国際秩序の再編と再統合に無縁ではなく、その潮流に乗った結果にほかなりません。

とりわけ九〇年代の東西冷戦後には、世界の政治・安全保障の統合システムが、「自由民主主義」と「共産主義」のイデオロギーの二極対立から、「リベラル」という「多極対立」から「多極宥和」を目指す目標が定められました。

事実、歴史家のフランシス・フクヤマ氏は、冷戦終結前後から著書『歴史の終わり』で、「それぞれの国が歴史の最終点に向けて取り得る道は、リベラルな民主主義と資本主義的方法以外にはあり得ない」と述べていました。

フクヤマ氏は、その後自らの思想を「リベラル」から「ネオコン」に変えたと批判されましたが、良かれ悪しかれ歴史が転換するとき、欧米人の知識人たちは、死にものぐるいで自らの思想を点検・検証し、価値観を大胆に変えていくのです。

中国や北朝鮮の軍拡はスルー

しかし、日本のリベラリストたちはなぜか、この安全保障上の必要性から起きる自衛力強化と国際貢献の意義をなかなか認めようとしませんでした。憲法九条がある限り、「軍事的な集団的安全保障はできない」というばかりではなく、「自衛隊は憲法違反だ」という論理的におかしなオールド・リベラリストたちもいまだに日本には存在するほどです。

また、リベラル勢力は、日本国内の「軍事大国化」に対しては異様なほどに文句をつけるにもかかわらず、国際社会の脅威となっている中国の本当の軍事大国化や北朝鮮の核ミサイルの開発に対しては、口をつぐんだまま、直接的にはほとんど何も抗議しません。

これでは、日本のリベラリストたちは、日本の国家をアメリカに代わって、「古代中国以来の華夷《かい》秩序世界に入れたがっているのではないか」と言われても仕方ありません。

いま、欧米を含め、各国が必死で自らの生き残りを考え、安全保障上の自立と協調を図ろうとしている最中に、日本のリベラリストたちが、何も考えない体たらくでは、日本の将来は今後も国内の安全保障をめぐる議論の対立によっていたずらなエネルギーを強いられるだけでなく、日本に期待するアジア各国からの期待にも応えられないでしょう。

軍事の話に戻すと、日本が日米同盟を中心として世界で生き残りを図ろうとする選択肢は間違ってはいません。しかし、これまでのように北東アジアの地域安全保障ですらアメリカにおんぶにだっこしてもらうことは、もう許されなくなってきているのです。

その「戦後リベラル」が、最終的な目標とし、こよなく愛してきたもの。

それが「憲法九条」でした。

憲法九条は、平和を願う戦後日本人の最終的な目標であるとみなされました。

ところが、その憲法九条はいま死に絶えており、役に立たないと言っているのです。

実際に、「リベラリスト」の井上氏は「リベラル」の立場で、「憲法九条は死文化されている」と問題提起を行っているところです。「九条は、憲法の条文として発揮すべき規範性をもはや発揮していない。死んで口もきけなくなっている。しかし、死文化されたとはいえ、九条は重要な憲法条文。死体のまま放置してはおけない。ちゃんと葬儀（明文改憲）をやってけじめをつけなければならない。安倍首相の認識はこんなところでしょう」と正直に書いています。だから、井上氏は「憲法九条削除論」を唱えていて、集団的自衛権の問題など政治家に「解釈改憲」をやられるぐらいならば、憲法九条を無くしてしまおうという考え方のようです。リベラル派でもわかっている人はわかっているのだな、と思いきや、この「憲法九条削除論」は、彼らから一斉攻撃を浴びてしまいました。

「憲法九条は死んでいない。死んでいないからこそ、安倍首相は改憲を求めているではないか」とか「リベラル派が我々の宝である憲法九条を無くしてどうする」などと反発しています。

実際に、「憲法九条を守る会」などに所属しているリベラル派の学者などは、九条に関して「解釈改憲」も反対ならば、「憲法改正」にも反対というダブルスタンダードな姿勢を取り続けました。

また、「憲法条文は法律家全体で守るべきもの。国民が憲法改正を望んでも我々はそうはさせない」といわんばかりの主張を繰り広げました。国会の参考人に出てきた早稲田大学の長谷部恭男《はせべやすお》(憲法学)教授が典型的な例ですが、これではまるで駄々っ子のようです。

その意味で、憲法九条を無くそうとする「井上は裏切り者だ」というわけです。

それに対して井上氏は、こう反論します。

「九条をいかに解釈の余地のないようにと変えても、権力によって都合よく解釈される可能性は必ず残る、という長谷部さんの認識は、ほとんど私の九条削除論と同じなんです。長谷部さんはもう私の支持者ですよ(笑)。

しかし、長谷部さんは、九条を削除して、安全保障については民主的に討議しましょう、というほうには行かない。自分たちの信じる安全保障観をとにかく国民に押し付けたい。（中略）ものすごく傲慢《ごうまん》になっている」（『憲法の涙――リベラルのことは嫌いでも、リベラリズムは嫌いにならないでください②』より）

結局、この論争は海外のリベラル派は戦争と平和をその時代の情勢と是々非々で論じようとするのに対し、日本のリベラル派は「一国平和主義」を唱え続けるという違いによる論争なのです。いくら国民がどこからどう見ても軍事大国化している中国の脅威に対抗し、国民が国民自身で考えて、「憲法九条を議論しよう」としても、リベラル派はそれを絶対に許さない。海外から見れば何とおかしな人たちだと見られても仕方ありません。

私自身は、「日本独特のリベラルとは何か？」と問われたら、それは「日本を貶《おとし》め、卑下する考え方のままにしておく日本特有の思想だ」と答えます。

なぜかというと、リベラル派の人たちは、外国人の思い通りの世界を「理想」として思い描き、日本に古来ある思想や文化を貶めることにより、自分たちの思想にまでしている人たちだからです。これを「卑下の思想」と言わずして何というのでしょうか。

本当の意味でのリアリティも国際性もない日本のリベラル派は、もうそろそろ完全に終わっても仕方がないのですが、少なくともその「卑下思想」を国民に押し付けるのは、もういい加減止めたらどうなのでしょうか。

もしかすると「自分たちの主張や思想は正しいに決まっている。なぜなら私たちの尊敬する欧米人がそう言っているからだ。しかし、私たちは寛容な精神を持っているから、日本人の言うことは（ある程度は）聞いてやろう」という思想の持ち主なのかもしれません。

朝日新聞や、それに追従するマスコミなど、いまの「憲法九条をどうしても守れ」という人たちは、そう言っているように聞こえるからです。

とりわけ敗戦から現在まで、リベラル派が多く存在するのが日本の司法界や法曹界です。その世界にいる日本の法律家たちは、「憲法や法律を解釈するのは自分たちの役割だから、日本国民は何も考えなくても良い」と考えがちで、マスコミが自分たちの気に入った情報と思想を垂れ流すだけであれば、そう言われてもおかしくはありません。

それともリベラル派は「一般の国民は、もっとも大事な憲法を考えなくても良い」というのでしょうか。東大法学部卒の井上氏はこう言っています。

「エリートたちの嘘にだまされるな、自分たちの頭で考えよ、と私は日本国民に訴え続けているのですから。

ふつうの人がわからないような難解な言葉で事実をねじ曲げる（略）。護憲派の憲法学者たちがやっているのはそういうことで、憲法に書かれたことを、国民は素直に日本語の常識で読んではいけない、と言っているわけです。自分たちのエリート集団が決める密教的解釈にしたがえ、と」

つまり、いまの日本の憲法解釈は、極めて「密教的」であり、法の「権利平等」の大原則があるはずなのに、タブーである「秘密法」になってしまっているわけです。これでは、自己満足的な「保守」の人たちを批判できなくて当然ですね。

自分たちの手で決めない憲法を守ることがそんなに大事なのでしょうか。

そんな日本人を考えさせないように持っていくリベラル派は、日本人から「もういらない」とその考え方を捨て去られても仕方がない時代に入ってきたのです。

一部現実的になってきたリベラルの「憲法九条改正論」

ところで、その国際情勢の現実を日本のリベラル勢力が理解しなければ、将来の日本は自立する道すら選べなくなると見たのか、最近ではリベラル陣営の中から、「憲法九条改憲論」が出てきました。

たとえば、国際軍事専門家の伊勢崎賢治《いせざきけんじ》東京外大教授が改憲案として「新九条」を出しました。伊勢崎改憲案は、以下の通りですが、日本は国際法上の「集団的自衛権」は違憲だが「個別的自衛権」は合憲とし、陸海空の自衛隊の存在を憲法条文に認めています。

日本国憲法第九条を以下のように改定し「永久条項」とする。

一、日本国民は、国際連合憲章を基調とする集団安全保障を誠実に希求する。

二、前項の行動において想定される国際紛争の解決にあたっては、その手段として、一切の武力による威嚇又は武力の行使を永久に放棄する。
三、自衛の権利は、国際連合憲章五一条の規定に限定し、個別的自衛権のみを行使し、集団的自衛権は行使しない。
四、前項の個別的自衛権を行使するため、陸海空の自衛戦力を保持し、民主主義体制下で行動する軍事組織にあるべき厳格な特別法によってこれを統制する。個別的自衛権の行使は、日本の施政下の領域に限定する。

軍事面が最大の弱点であるリベラル派の中から、ようやくこのような意見が出てきた点は、ようやく彼らも「軍事のリアリズム」を理解してきたといえるでしょう。

ところが、日本のリベラル勢力は、軍事的な積極的な取り組みに関して、あるいは軍事費の増加に対しては、相変わらずものすごく及び腰です。

たとえば、二〇一六（平成二十八）年十二月から、日本の科学研究者の代表機関である「日本学術会議」では、防衛省が予算から研究費を助成する「安全保障技術研究推進制度」に対して、消極的な意見が飛び交っていました。

その内容のポイントは、「（第二次世界大戦後の）科学者の社会的役割を考えたとき、現時点で助成を受けることはできない」というもので、「先の大戦で科学者が軍部による生物兵器などの開発に協力した反省がある」からだというのです。

しかし、これも歴史的事実とはかなり異なる物事の順番が逆の話で、戦時中の日本は、原子力の開発につながるサイクロトロン研究を途中で取り止めておきながら、戦後復活させていますし、生物科学兵器に関しても、旧満州での「七三一部隊」が、一時期「化学兵器の人体実験を行った」などという報道がありましたが、そのような事実はなかったことがいまや「科学的常識」となっています。

戦後日本人の「贖罪意識《しょくざいいしき》」が科学技術の発展をいかに蝕《むしば》んでいるかは、東日本大震災での原発事故を見てもわかります。なぜなら、原子力の世界でも、縦割り組織やタコ壺のような自分の専門分野のテリトリーからまったく出られない状況となり、国民の安全という観点がなくなってしまっていたからです。

それでも、世界の多くの先進諸国がインターネットに代表されるように、自国の軍事を科学技術に転用し、それを生かすことで経済的には多大な貢献をしていることも事実のはずです。にもかかわらず、科学の軍事力への転用にいまなお反対している人たちは、戦争直後の科学技術者の思想を引き継いだ左翼やリベラルといった人たちが中心です。

将来、日本の科学技術の力を自ら信用し、発展させるには、まずこの「科学リベラル」の人たちを何とかしなければならなくなるでしょう。結局、リベラル派の人たちは、「日本が今後絶対に自らは戦争をしない」という信念をも信用していないわけです。

「防衛費二%」すら実現できない

その「国家不信」や「反国家主義」のせいで、日本の防衛産業の下支えが、このところ急速に低下しています。周知のように、日本の防衛費は長らく「GDPの一%」と決められ、世界では当たり前の「防衛費二%」もなかなか実現できなくなりました。

その大きな理由の一つは、日本国内市場だけで防衛産業を振興させようとしても、シェアがあまりにも限られ、経済的なマーケットとして成り立たないからです。

まず、三菱重工業が二〇一六年十月から自衛隊の艦船を含む造船部門から「撤退」する方針を発表しました。

これは三菱重工業の経営改革により、造船部門が採算に合わなかったためだとされていますが、明治時代以来と呼べる日本の艦艇新造の機能が根本から揺らいでいます。

また、二一発を超える弾道ミサイルを北朝鮮から日本海へ発射されても、日本に導入されているF-15を含む戦闘機では、給油なしに北朝鮮から帰ることのできる機能のある国産戦闘機はほとんどありません。

最近では、日本周辺の安全保障情勢の激変下で、政府は北朝鮮からのミサイル防衛のための「MD（ミサイル防衛）システム」を第三次補正予算で強化する二〇〇〇億～三〇〇〇億円を要求する方針を立てています。

ですが、戦後日本の政治の世界で大きな位置を占めてきた社会党が追及して始まった「防衛費はGNP（国民総生産）の一％の枠内」という不文律はなかなか超えることのできない壁となり、補正予算にようやく組み込むことができた程度でした。

しかし、たとえば北朝鮮からのミサイルを阻止するための迎撃ミサイル装備には平成二十九年度だけで最低二〇〇〇億円の予算の確保は、現実問題として不可欠となっています。これはもともと、日本の防衛費がGDPの一％と決められた時点から日本の防衛産業も旧大蔵省、現財務省の予算査定によって、茨の道を歩んできました。三菱重工の撤退は、近年国内の産業構造に耐えられなくなった象徴的な構造現象だといえるでしょう。

とりわけ中国の軍事費がこれ以上伸びると、日本の陸海空の防衛がいよいよ危なくなるのは、軍事の世界においては「三倍の法則」というものがあるからです。

「三倍の法則」とは、相手の軍事力が総量として味方の三倍あるときは、基本的には長期間を戦えば負ける可能性が高くなるというものです。一般にはあまりよく知られていませんが、現代の軍事常識の一つであり、これもリベラルな戦後日本の風土の中では、まったくといって良いほど教えられてきませんでした。先進諸国ではある程度の学歴を経ると、ほとんどの国民は「軍事常識」を学習します。しかし、日本人は抑止力の勉強どころか、「どうやったら平和で安定的な安全保障の秩序を保てるか」ということすら学ぶ機会がありません。これもリベラルな教育風土がこれまで作用してきた結果といえるでしょう。

その中で最近、防衛関係者から「防衛費を上げる気運が出てきた」ととりわけ期待されているのは、財務省主計局の内野洋次郎《うちのようじろう》主計官の存在です。

主計局の防衛係担当を任命された内野氏は、東京中野区生まれで武蔵高校から東大法学部へ入学した俊才ですが、とりわけ自民党の国防族から期待されているのは、彼の「保守性の強い家庭で育った教育方針」だといいます。

「もともと内野四兄弟は保守系の人間には有名で、まず宮崎県出身の父親の内野経一郎《けいいちろう》氏は日本会議の中野支部長を務めています。その父親の下、長男の耕太郎《こうたろう》さんはトヨタが出資している愛知県の海陽学園の寮監という職を最近まで務めていました。

そして次男の洋次郎氏は前述の通り財務省で、まるで絵に描いたようなエリートです。三男の大三郎《だいざぶろう》氏は保守系の中野区議、四男の令四郎《れいしろう》氏は、東京弁護士会所属の弁護士で、長男、次男、四男の三人がそれぞれ武蔵高校から東大法学部に入学しています。しかもリベラル派がもっとも嫌う日本会議幹部の父親から育てられたという〝保守系一家〟で、「その中で最優秀な洋次郎氏が防衛費の増額に挑むという点が時代を象徴していますね」と内野家を良く知る人物は語ります。

結果的には、平成二十九年度予算概算要求時点の防衛費の伸びは、五兆一六八五億円で二・三％の伸びでした。それでも日本の防衛費を多少増額しても、「真の軍事大国」として年額一〇％以上の伸びを三〇年以上続けてきた中国に対して見ると、もはや完全に劣勢に立たされています。先ほど述べた「三倍の法則」から見ると、日本がもはや単独では戦えず、中国軍に攻めて来られるといかに危険かがわかります。昨今の国内・国際環境下では、火急の問題のはずですが、それでもなお「日本の軍事大国化」を心配するのがリベラル陣営なのです。

ところが、彼らは世界でもっとも歪《いびつ》で厳しい制度になっている日本の「シビリアン・コントロール」の重要性についてあまり理解していません。

「シビリアン・コントロール」とは、日本語では「文民統制」と訳しますが、これは意味を表しておらず、正確にいうと、「政治家が軍人をコントロールする制度」のことです。

戦前の日本がなぜ戦争に走っていったのかというもっとも大きな原因は、日本が「全体主義になったから」でも、「右翼が多かったから」でもなく、この「シビリアン・コントロール」がしっかりしていなかったからです。

戦時中までの制度として、「軍部大臣現役武官制」がありました。これは海軍大臣、陸軍大臣という軍部大臣を現役の武官に限るというもので、日中戦争開戦前の昭和十一年、広田弘毅《ひろたこうき》内閣において、せっかく山本権兵衛《やまもとごんべえ》内閣で廃止していた「軍部大臣現役武官制」をもとに戻してしまいました。以後、陸軍を中心に組閣への非協力が行われ、内閣組閣断念や単独での辞任による内閣総辞職が相次ぎ、ついに議会制民主主義が崩壊したことが戦争の最大の原因だったといまなお指摘されているのです。日本は戦後、アメリカの軍制度をならい、「シビリアンである政治家が軍を指揮する」という制度を取り入れましたが、この場合、軍部大臣は政治家であれば誰でも良いというわけではありません。

少なくとも軍事の仕組みやルールをきちんと知っておかなければなりません。「保守派」は別に「好戦派」ではありませんし、常識として国際法や軍事的な地政学を知っておく必要があるだけです。これもリベラルがおろそかにしてきた点で、日本の国会議員である以上、リベラルであろうがなかろうが、軍事学の勉強は不可欠なのです。

軍事シミュレーションすらタブー

世界的に中国の軍事力の台頭が衆目の一致するところになっています。

軍事レベルでは毎年一〇％以上の軍事費の伸び率があり、いまや日本の陸海空自衛隊の三倍以上の兵力を持っているのではないかと指摘されています。

弾道ミサイルの数や、インターネットによるサイバー攻撃、大気圏外からの攻撃を含む中国の攻撃能力の向上は、どう見ても「軍事大国化している」と言わざるをえないでしょう。

安全保障を論じる場合、まず何よりもプラグマティズム（現実、実践主義）が重要です。

つまり、現在の日本は、どの程度の兵力があり、相手の中国はどの程度の兵力があるかを見積もらなければなりません。また万が一、軍事衝突が起きるとすると、どういうケースでどういう対応をするべきなのか、綿密なシミュレーションを行わなければなりません。

これは軍事を論じる場合の基本中の基本です。

しかし、それをやろうとすると、なぜか日本では「戦争が起きる」という拒絶反応が起き、議論自体を止めてしまえという暴論を言う勢力が出てきます。

「もし中国や韓国が攻めてくるなら、僕が九州の玄関口で、とことん話して、酒を飲んで、遊んで、食い止めます。それが本当の抑止力でしょう」

平成二十七年の安保関連法案の審議のさなか、ＳＥＡＬＤｓ福岡の大学生がテレビの取材に答えてそう言いました。これは、ふざけているのではありません。完全に「リベラル病」に取り憑《つ》かれている証拠で、軍事の基本ということがわかっていませんでした。

日本を攻めてくるのに、「専守防衛」だけで対応するという「お題目」もそうです。

これはかつての旧社会党がさかんに唱え、「リベラル派」の中にいまだに続いています。

実際に中国は、二〇一四年頃から日本の領海や領空、あるいは経済水域まで頻繁に侵犯し、中国公船は、日本の尖閣諸島付近まで常に入って来るようになりました。日本は海上保安庁だけでなく、自衛隊も含めて、その対応に精いっぱいになっています。

実は昭和三十八年に旧防衛庁内で、「三矢研究」という「図上演習」が行われました。

これは、東西冷戦当時の自衛隊統合幕僚本部が内部の作戦研究において、極秘に行っていた机上作戦演習でした。朝鮮半島で第二次朝鮮戦争が起きる——という可能性の高い武力紛争を想定して、当時のソ連と北朝鮮が、それぞれ日本に対して直接・間接的な侵略を行って来るという、世界のどの国でもごく普通に行っている「シミュレーション」だったわけです。ちなみに「三矢」とは、毛利元就《もうりもとなり》の「三本の矢」の故事にならい、陸・海・空自衛隊の「三自衛隊の統合作戦」を表すことから、その名前がつけられていました。

ところが昭和四十年、当時の社会党の岡田春夫《おかだはるお》衆議院議員がこの研究を発見して国会で質問すると、蜂《はち》の巣をつついたような大騒ぎになりました。

当時の社会党や共産党など野党は、三矢研究に関するすべての内容と正確な全資料の提出を当時の佐藤栄作《さとうえいさく》内閣に求めました。その上で、自衛隊の責任者を追及し、政治領域への軍事の介入がどこまで許されるのかという追及が行われました。

その結果、自衛隊統合幕僚本部の責任者が更迭され、日本では「仮想敵国が本当に侵略してきた場合を想定するシミュレーションや議論すら行ってはならない」という空気になりました。以後日本国内では、「三矢研究」の話だけでなく、「軍事シミュレーション」をすることとすら「タブー」となってしまったのです。

普通の国家なら、こんなに国民が過剰反応をすることはありえません。アメリカやイギリス、フランス、ドイツ、イタリアやベルギーですら「軍事シミュレーション」を行うのは当たり前だからですが、日本は最近でも、リベラルな早稲田大学の水島朝穂《みずしまあさほ》教授などのように、「一九六五年に、いわゆる三矢作戦研究と言って、制服組だけで決め、法案成立のための精密なシミュレーションまでやっていた事実が国会であきらかにされたことがある」（二〇一五年八月二十六日、日弁連と学者の会の合同記者会見）とやり玉に挙げています。

リベラルな学者や法曹関係者は、あたかも「戦争を議論すると、本当に戦争が起きる」といわんばかりですが、「有事における議論を封じ込めれば、平和になる」という論理はまったく根拠がありません。

むしろ、どう相手の攻撃を防げば良いのか、あるいはこちら側はどの程度の抑止力を持っておけば相手が攻撃をためらうのか、という具体的な数字や事実に基づく議論が大切なのは言うまでもありません。

戦争を避けるために安全保障を考えるのは世界の常識

これは何も軍事に限らず、普通の会社ならば、自分の会社の特色や力を把握し、その業界全体のマーケットを具体的に把握することから始まります。そしてライバル企業をどう攻略すれば良いのか営業の見込みを立てるシミュレーションはどの会社も行っていることですし、軍事でも相手に武力を使う戦争を起こさせないために抑止力が歯止めになる、と考えるのは、先進諸国では教科書に書いてある当たり前の事実です。

学校現場にたとえれば、いざというときに人々に備えをさせない、準備をさせないというのでは、教師が子供たちに「予習を絶対にするな」と言っているようなものでしょう。

日本では、そのありえないことが、日本の左翼や「リベラルな人々」の「世界でも奇妙な思想」によって議論させられないでいるのです。

念のため確認しておきますが、私は「戦争を起こせ」と言っているのではありません。「戦争を起こさないようにするために、具体的な議論をしろ」と言っているのです。

いまの日本の保守的な考え方の中にも、「戦争を何が何でも起こせ」と主張したり、本当に考えている人は一人もいないでしょう。いままで以上の平和と安定を求めるのは日本人であれば当たり前なのが実態です。

にもかかわらず、「リベラルな人たち」は、日本国家に対して敵対心を燃やすあまり、隙《すき》あらば「紛争を起こしてやろう」という相手の国の軍事力の事情を議論するということさえ許さないのでしょうか。

事実、『リベラルの中国認識が日本を滅ぼす』（石平《せきへい》×有本香《ありもとかおり》　産経新聞出版）という本の中に、こんな件《くだり》があります。

「日本の〝リベラル〟と自称する人たちは特に中国問題を認めない」（石平氏）、「日本の〝リベラル〟は、他国のそれと大きく違う。まず、中国の人権問題にこれほど関心の薄いリベラルは、他の先進国に例がない。（中略）それから、自国の防衛や軍事を完全否定してかかるリベラルなど、日本以外ではお目にかかれません」（有本香氏）

そのほか、「中国が日本に対する実際の脅威となって、戦争が近づいて来ている」という問題提起を行い、それを議論しようとすると、「日本が戦争に近づいている」と批判してしまいます。主客転倒もいいところです。

実際にそのような倒錯した動きは、二〇一三年の特定秘密保護法から二〇一五（平成二十七）年の安保関連法案のときに頂点を極めました。日本国内では、二〇一三年十二月に安倍政権が「特定秘密保護法」を成立させようとするさいに「法案が通ったら、日本は暗黒社会になる」といってリベラル派の人たちは大騒ぎをしました。しかし法案成立が終わってみると、「暗黒社会」にはなっていないし、また懲りずに違うデモを違う場所で行ったり、本人たちは裕福で健康な生活をしたりしています。安保法案も国会を通過すると、「戦争が起きる」と断言した人々が多かったのですが、いまだに戦争になっていません。

歴史戦でも中国に完敗

石平氏は、前述の著作の中で「要するに、彼らは一貫して、自分たちの今までの主張を整理したり、どこが間違っていたかを分析したりしない。一切の責任を取りません」と語り、あるいは「自衛隊反対」や「安保反対」などの運動に関しても、「常に間違っている」と言い切っていますが、これはある意味でリベラルの本質を突いています。

なぜなら、「リベラル」とは、究極的な「永遠の目標」であるため、何も反省せずに、責任を取らなくても良いと思っている人たちを支える思想だからです。

したがって、彼らは常に何かを「啓蒙《けいもう》」し続けなければなりません。

「啓蒙なきところにリベラルなし」だからです。啓蒙のために人を導いてさえいれば、たとえ間違っていようが、人の道を誤らせていようが関係がないのです。

そのためには、他人を非難し、特定の相手国の固有名詞を出せば、「ヘイトスピーチ」と批判するのですから、始末に負えません。また「ヘイトスピーチだ」、「差別だ」と言っても、日本人自身がヘイトスピーチをされ、差別をされることに関しては無頓着《むとんちゃく》です。

リベラルな人たちは日本を非難したりすることが唯一正しい考えだと思っており、自分たちの過去の歴史や足元を見ようともしません。

中国に関していえば、日本軍が起こしたあらゆる紛争や戦争は、何よりも「侵略」であり、中国の行ったことが常に正しいと考えるため、「(第二次)南京事件」や「三光事件」など、すべて日本軍が行った行為は常に日本が悪く、「中国共産党が主張していることが事実」ということになってしまいます。歴史教科書には、この南京事件に関して「南京大虐殺は四〇万人の中国人を虐殺したという説もある」と書いています。

私自身、中国の南京市には何度も出かけ、現地で検証をしてみましたが、中国共産党は、どこの誰の骨かわからない「一般の骨」を数えて積み増し、それらをすべて「南京大虐殺の犠牲者だ」と主張していました。数字は常に一貫せず、あるときは「二〇万人」、次は「三〇万人」、最終的には「四〇万人いた」と簡単に増えてしまうのです。

このような一方的な主張やデタラメな事実の提示を真に受けてしまう人たちが、日本の

「リベラル」なのです。

しかし、これからはそういうわけにはいきません。

常に国際社会では、たとえば中国や韓国は相手国である日本の弱点を突くために、日本人自身の歴史問題や歴史認識を仕掛けてきます。

「歴史戦」は、先に仕掛けることができる中国や韓国の手によって、日本は主導権を握られてきたのです。それがわかった以上、日本人は自らの思想を立て直し、事実をきちんと把握し、相手に抗議の意思を提示しなければならないのです。

そのためには、繰り返しになりますが、まずは自らの足元の「思想」を固め、自分の思想は自分で決めるということが何より大事なのです。

韓国と日本のリベラルの共通点

平成二十八（二〇一六）年十二月九日、韓国国会は本会議で朴槿恵《パククネ》大統領の弾劾訴追案を可決しました。職務停止となった朴大統領は、憲法裁判所が弾劾訴追案を棄却するか、朴氏を罷免するかを決める弾劾裁判の手続きに入りましたが、韓国側はすでに黄教安《ファンギョアン》首相が大統領代行を務めることが決まり、朴大統領の辞任はすでに時間の問題となりました。

今回の朴大統領の罷免に対する弾劾は、大統領の「親友」とされた崔順実《チェスンシル》氏やその父親の宗教家・崔太敏《チェテミン》親子らとの「癒着」があったことは事実ですが、多くの国民が今回の大混乱をすべて彼女に責任を負わせ、自分たちの行動を正当化させようという側面があったのではなかったのでしょうか。

韓国の実態は、「左翼リベラル愛国主義」というべきイデオロギーによる政体だったと私は思います。それはなぜかというと、七〇年代からの韓国では、民主化運動が強まり、ちょうど朴槿恵大統領の暗殺された父親の朴正熙《パクチョンヒ》大統領以降から、市民運動や学生運動、労働組合運動など左翼運動とリベラル的な運動が協同するかたちで盛んになり、一方で、そのような運動は、「愛国運動」として国家や社会から認められたからです。

日本のリベラル主義者たちは、このような韓国の「愛国運動」を好ましいものと考え、それを大切にしてきました。それは日本に立場を置き換えれば、よくわかるはずです。

九〇年代頃から韓国は、日韓関係に横たわる「慰安婦問題」を「強制連行された従軍慰安婦」として歴史問題として取り上げ、世界中に「フェミニズムに反する」といわんばかりの情報をばら撒いてきました。日本人にとってみれば、韓国は、日本を攻撃するためには、「根拠なく日本人全体を貶めようとする行為をいとわない」と見られてきました。

幼い頃から「反日教育」を受けたほとんどの韓国人は、日本の足を引っ張りながら、韓国と韓国人だけが偉いと見せかける傾向があると受け取られているのです。日本という「敵」を倒すためだったら、どんな「嘘」だろうが「ダブルスタンダード」だろうが、平気で言いふらすこと自体、最近のリベラルの典型的な特徴と一致するからです。

事実、朴大統領は、二〇一三年五月に訪米してオバマ大統領と会談し、「日本が歴史認識によって東アジアの不安定要因を作り出している」と、いわゆる「告げ口外交」を行い、日本の統治下時代の慰安婦問題を「国家的責任」だと批判していたものです。

韓国の「慰安婦批判」は、国際社会から日本が誤解と偏見を受けるようにあえて仕向けてきました。そのため欧米諸国では、「慰安婦は大日本帝国軍人からレイプされた女性たち」というひいわれなき誤解が広がりました。一方、韓国国内では、「それでは、従軍慰安婦たちを政治的に利用し、問題解決を妨げることが良いのか」という声もわき起こりました。

思想よりも利害関係

具体的には、二〇一三年に出版された朴裕河《パクユハ》氏の著書『帝国の慰安婦』という作品ですが、そこには、「挺身隊問題対策協議会（挺対協）が、被害当事者を政治的に利用し、問題解決を遅らせた」という内容が書いてあります。つまり、韓国国内の「ポスト・コロニアル」（新植民地主義）や「フェミニズム」を標榜するリベラル側からの「ナショナリズム批判」による解決策ですが、この本は朝日新聞など日本のリベラル陣営から絶賛されながら、韓国国内では大きな反発を受けました。

なぜなら、韓国国内には、慰安婦問題を解決した方が良いと考える「普遍的リベラル」と、解決しない方が良いと考える「愛国リベラル」が存在するからです。つまり、同じ「リベラル」でも、立場が違えば、どんな国のどの問題も利害が相反し、問題解決を難しくしてしまうということです。

リベラルの側から韓国朴大統領や韓国人たちが行うやり方がこれでは、日本側の理解を得ることは難しく、いくら隣国とは言え、その道理の無さは非難されるようになるのは当然で、「日本は戦争に負けたのだから、相手が誰でも受け入れろ」というのは、無理というものです。

日本がどんなに理解ある態度を示しても、実際に「日本人だけが寛容になるべきで、すべてを受け入れろ」と命令しているのが、韓国人の「リベラル」な考え方です。

このような韓国人とこれまで日本人はよく付き合ってきたと言えますが、それを受け入れようとするリベラルな日本人も多くいたことは事実でしょう。

平成二十八（二〇一六）年十二月、韓国では、朴大統領が退陣をめぐって国民にデモを起こされていました。中には韓国全土で「一二〇万人」を超えるデモが行われ、連日その様子が日本のテレビでも放映されました。

日本のテレビコメンテーターの中には、「さすが民主主義が進んでいる」「うらやましい」などと賞賛する声が上がっていましたが、的外れもいいとこでしょう。

まるで、「日本では考えられない韓国の大勢のデモ」＝「韓国は民主主義の先進国」という扱いですが、これはハッキリ言って間違っています。

戦後日本でも「アメリカから民主主義が入ってきた」とずいぶんと誤解をされてきましたが、「民主主義」とは、国民の大勢の声を聞くという一つの「制度」であり、あくまで「ルール」にしかすぎないものなのです。余談になりますが、「平和主義」と「民主主義」は何の関係もありません。戦後日本がアメリカの傘の下の「平和主義」で、「民主主義が達成された」と勘違いしている人がいますが、この二つは何の関係もありません。実際に、朝鮮民主主義人民共和国（北朝鮮）は、どんなにミサイルを日本海に撃ち込もうが、核実験を五回も実施しようが、建前上は「民主主義国家」なのです。

このさいですから、「民主主義とはルールのことである」と覚えなおしてください。

「デモ＝民主主義が成熟」は大間違い

実際に、ネットニュース編集者の中川淳一郎《なかがわじゅんいちろう》氏は、「ＮＥＷＳポスト・セブン」の中でこう語っています。

「『デモに大勢集まる』＝『民主主義が成熟している』と考えるのは間違いである。こうした発言をしている人たちは、いわゆる『リベラル』の側の人々で、ツイッターを見ると、昨年の国会前安保法制デモも礼賛している人々とかぶる。（中略）それだけの人間が国家に対し不満を持っている状況は民主主義が機能しているとは言わない。翻って、日本のデモの状況を見ると、安保法制デモには最大で一二万人が集まったというが、このときもリベラルな人々はこの成果を誇った。それだけ日本の国民が現在の政権運営にさほどの不満を持っていないことの表れで、民主主義が機能していると言えよう」

つまり、「大勢の人がデモに参加している」からと言って、それが「民主主義先進国」で「素晴らしい」というのは完全に間違いで、デモが単なる「不満のはけ口」になっている状況に他ならないと中川氏は言っているわけです。

これは本当に正しいのです。重要なことは、民主主義のもっとも大事な要素は、何よりも「選挙」だということです。当時の韓国の場合、その選挙でも大統領という制度が国民の手によって簡単には辞めさせられない状況になっており、「民主主義というルールがない」という「異常事態」になっていた、ということなのです。

「さらには朴氏を操る崔順実被告の存在が明らかになったが、これをリベラル派の皆さまは『韓国のマスコミと検察は機能している』と言い放つ。いえいえ、ここまで放置していたマスコミと検察が機能しているわけないでしょ……と考えるべきだが、ネットの一部ではとかく韓国についてはホメたがる勢力が存在する」（中川氏）

しかし、これは日本のリベラルマスコミの人たちに顕著な傾向なのです。

彼らは、日本のテレビの中心で「韓国は、素晴らしい」と叫びます。彼らがどんなに「反日」であっても、今回は反日を行う余裕もないほど、自分たちが選んだ朴大統領を引きずり降ろしにかかっていることも知らぬ顔をして、息を吐くように嘘をつくのが特徴です。

こういう「平気で嘘をつく」ようなコメンテーターたちを出演させないでもらいたいのです。もし出演させるというのならば、いったい、テレビ局は韓国系企業からいくらでスポンサーになってもらっているかを明らかにすべきでしょう。たとえば、旧社会党の村山富《むらやまとみ》一《いち》元首相は、韓国からの度重なる「謝罪」の要求を受け入れてしまいました。実際に、いまだに韓国に対して「思いやりの精神」を見せる日本人は、少なくありません。

韓国は戦後できた国で、日本とは米国を相手に、一緒に戦ったにもかかわらず、韓国人は日本に対して「戦勝国」として遇するよう要求し、その証拠として日本と日本人に対して「永遠の謝罪」を要求するわけです。

平等主義がない韓国

力が強ければ相手に屈するが、韓国は力が弱ければ相手を舐《な》めてかかります。

拓殖大学教授の呉善花《オソンファ》教授によれば、もともと韓国の思想の中心だった朱子学の「理」は韓国側にあり、日本は低い「気」の国だと位置づけているそうです。だから、韓国人たちは事実を見ようともせず、「日本は韓国より優れたことをやるはずはない」と決め付けているところに問題の本質があります。「慰安婦問題」も、「愛国主義」の名のもとに「とにかく何の問題でも、日本から謝罪と反省を勝ち取れば良いのだ」と考えてしまう「リベラル愛国思想」に問題があるのです。

一方、日本のリベラル陣営は、「韓国人と話し合えばわかり合える」と考えてしまいます。しかし、韓国人はまず「日本人は悪いことをした」と全否定するため、日本の現代における「おもてなし」のようなサービス産業の質の高さも、「低い文化」として批判し、何でも蔑《さげす》む傾向に拍車をかけてしまうのです。

お人よしの日本人は、そこでまた「日本人と韓国人は平等のはずだ。わからないのは、日本人の努力が足りないのだ」と考えて、一生懸命韓国と接しようとしますが、通じ合えるわけはありません。なぜなら、韓国には端から「平等主義」というリベラルの概念がないのです。したがって、日本のリベラルな進歩的文化人が、「日本も悪いところがあった。それを謝罪して和解を始めよう」としても、日本と韓国はもともと土台の考え方が違う国ですから、「人間は平等だからわかり合える」と考える方がおかしいのです。

朝日新聞や自民党の河野洋平、旧社会党の村山富市といったリベラル人たちがまさにそうでした。九〇年代に日本国内に勢力を伸ばしたリベラル勢力は、韓国側に徹底的に利用されたわけです。彼らは「歴史的事実」を見ませんから、朝日新聞が慰安婦問題で「強制連行された」などと書くことを止めないどころか、どんどん後押ししていました。

実際に韓国国内で日本への抗議デモをしている女性たちは、いまでも「日本が従軍慰安婦を二〇万人強制連行し、一八万人を殺して埋めた」と語っているそうです。ここまで来ると、人間には「事実」というものは必要ないことがわかります。

彼らは国内外のリベラルを利用し、その血を吸って生きているかのようです。

また、日本に対するときのように、「戦うべき共通の敵」があれば、左翼やリベラルは団結しますが、用がないと見るや使い捨てにします。言論の自由もへったくれもなく自分たちの不利益になれば平気で捨て去ってしまいます。

「慰安婦問題」の解決策は、その後「日韓合意」による一〇億円の資金支援の基金を作ることで、日本側の働きかけによって実行に移されていますが、今度は釜山の日本総領事館前に新たに慰安婦像を設置する始末です。

産経新聞の不当な記者拘束の問題も、韓国大統領府内部の資料で、産経新聞を告訴した理由が、「懲らしめてやろうと思った」と政府幹部が語っていたことが明らかになっていました。結局、韓国とは司法もマスコミも「事実」ではなく、自分の「感情」だけで動いていると言わざるをえないのです。

韓国の慰安婦像設置に関しては、すでに韓国国内で四〇カ所以上が設置されていることが判明。国内では「少女像」と呼ばれていますが、少女が旧日本軍によって強制連行された――などということも歴史的事実ではなく、これも「嘘」の一つでしょう。

さすがに日本政府も今年一月に、菅官房長官が記者会見で、釜山の総領事館前の慰安婦像設置に関して、「ウィーン条約に照らしても問題」、「日韓合意の目的に反する」などと、韓国大使・総領事の一時帰国や日韓スワップ協議の中断などの措置を発表。韓国国内から

「一〇億円を返還すべき」などと大騒ぎになりました。

歴史的にこれまで韓国に対しては、「思想」でなく「情」の論理で接してきたリベラルな日本のやり方が通用しないことがいよいよ判明したのです。

結局、リベラルによる日韓関係のあり方に化けの皮がはがれました。このシュールな構図そのものが、いまのリベラルの体質をよく表しています。

第六章 グローバリズムから脱却する日本独自の経済思想

リベラルとネオ・リベラル

世界中の「リベラル人」が好み、自らが目標とする言葉に「多文化主義」、あるいは「多文化共生主義」があります。これにはまず前提があり、国家や社会は移民や難民などの多民族の「人権平等要求」に常に応えなければならず、相手の文化を自分の国や社会の文化と「均等化」することが「社会的正義」とされていなければなりません。

わかりやすく言えば、相手の国の文化的、ときには政治的要求には、常に寛容に耳を傾けなければならず、「偏見」や「先入観」でモノを言うのは「ヘイトスピーチ」であり、反論すら許されないということになります。リベラルとは、常に国家的・社会的「マイノリティ」に対して温かく見守らなければならないのです。

たとえば、これはすでに行われていますが、韓国人や日本に帰化した韓国系の日本人が、「日本の文化は間違っている」と憤って、日本の仏閣に安置されている仏像や楼門、全国各地の神社の破壊や棄損行為を行っても、日本人は甘んじてそれを受け入れなければならないとリベラルは要求するのです。また、韓国人が日本国内に「韓国街」を作ることに対しても日本人は寛容でなければならないということになります。

第一章で述べたように、アメリカやイギリスなど欧米諸国では、「エスニック・シティー（エスニシティ）」と呼ばれる市や町レベルでの「文化共同体」がたくさん出てきています。しかし、世界的にそのような動きは、必ず反発が起こります。「社会的正義」の名の下に、「異文化」だけを優先させれば、必ずその土地に昔から根づいていた「伝統文化」を大切にしたいと考えている保守的な住民からの異論が出るからです。

それでもなお、リベラルは、移民文化を寛容に受け入れようとします。それは多文化共生主義（マルチ・カルチャリズム）に基づくものですが、住民との間で摩擦が起こり、にっちもさっちも行かなくなっても、それを見て見ぬふりをします。あるいは、伝統文化を守ろうとする保守の人たちを「極右」とか「排他主義」などと言って、非難し始めるのです。

とりわけ保守を嫌う後者の方は、「ネオ・リベラル」と呼ばれる人々と同質性が高く、最近の欧州などでは保守を「右派ポピュリズム」という表現を使います。

その理由は、リベラルの最終的に目指す目標は、「コスモポリタン主義（コスモポリタニズム）」であり、「地球は一つ」であることが「正しい思想」であるからです。

「コスモポリタニズム」が高じてくると、人々は「新しい文化が入ったのだから、新しいルールを作るべきだ」、次の段階では「世界を一つに統一して〝地球市民〟を作るべきだ」

などと考えるようになります。ちなみに、これは「文化とは人間が統治できるものだ」という全体主義の考え方に近いものです。わかりやすく言うと、「世界は一つ」といい統一ルールのもとに、世界全体を支配しようとする新自由主義的な思想に近いのです。

しかし、これは明らかに論理矛盾です。リベラル派が標榜《ひょうぼう》している「多文化主義」や「多民族主義」という思想が、いつの間にか統一された「世界市民」になっているわけですから、リベラル派自身がどこかおかしいと感じなければならないはずです。

矛盾する多文化主義とコスモポリタニズム

リベラル派は、その自らの矛盾をまず解決してから、行き過ぎた「多文化主義」を批判する保守に文句を言わなければならないはずですが、これまで何度も述べている通り、リベラルは自分のことを棚に上げて、相手を「反知性主義」や「排外主義」などといって批判し始めるために、議論することさえ封殺します。

一方、実は「保守」にもさまざまな考え方があって、日本に溶け込もうとするニューカマー（新参者と訳す）をできるだけ温かく受け入れようとする「保守」と、極力排除して行こうという「保守」に分かれます。したがって、「保守＝排外主義」はレッテルにすぎません。

ここに、「保守」と「リベラル」が対立する要素と原因、「保守」が内部で分断される火種の一つが生まれるのです。

しかし、大元をたどって行けば、リベラル側の「自由」を通り越した「過度な異文化への寛容性」に問題があるのですから、そこに原因を求めようとすれば、このようなややこしい問題の分析は、意外と簡単なのではないでしょうか。

彼らの大きな論理矛盾の一つは、「あらゆる民族や文化の同化を認めない」と言いながら、実は「同化」を認めているところです。

たとえば、リベラル主義者は「多文化主義はエスニシティの面で多元的でコスモポリタンな社会をもたらした」と主張しますが、その一方で「統一された多元的なコスモポリタン」というのが言語として、明らかにおかしなものであることには気づいていません。

もし「多文化主義」が「多元的」であるとすれば、「コスモポリタン」とか「エスニシティ」という一つの概念で括れるはずはないからです。

そして実際問題として、異文化を持ちこもうとする人たちこそ、受け入れ国に対し「同化」を求めます。

チャイナタウンやコリアタウンがその典型です。

それは自然なことで、自分たちの周りに、言葉が通じ信用できる家族や友人がいれば便利で、気やすいからですが、これは間違いなく「同化」です。

リベラルとは、「非寛容に対する寛容」も認めるものだとすれば、この「同化」された「エスニック共同体」をどうかしなければなりません。

これは駄洒落《だじゃれ》ではなく、彼らは「多文化共生」を言い出した張本人たちなのですから、そのような言説を取った責任を取るべきなのですが、彼らは決して責任を取らないのです。

移民や難民の立場に立てば容易にわかりますが、リベラリストには「これからの世界は多文化共生主義となり、すべての市民はコスモポリタンになっていく」という「コスモポリタリズム」の思想があります。これはリベラル派の「理想」と「理念」と極めて似通っており、世界の国家はいずれなくなり、国民は「地球市民」となる、という考え方です。

その「理想」を信じて、移民や難民政策を推進するわけですが、世界各地でテロが起こり、民族紛争が起こると、それを「間違っていた」と言わず、「保守」や「愛国者」の「ナショナリズム」のせいにしているというところに「欺瞞」や「虚飾」があるのです。

すべての物事には、忍耐の受容にも限度というものがあります。

いくらリベラルでも、テロリストや凶悪犯罪の犯人が自分の家の中にどんどん入って来るのでは、嫌でしょう。しかし「非寛容にも寛容」な彼らはそれを絶対に認めません。

それどころか、「自分の共同体や家族を守りたい」という人をすべてごっちゃにして「排他主義者」として批判するだけでは何の解決にもなりません。

結局、「リベラルとは何か」と問われれば、私は「闇鍋《やみなべ》主義」と答えます。

いまの若い人にはわからないかもしれませんが、昔の旧制高校や旧帝国大学などでは、この「闇鍋」が流行《はや》っていました。

その中身には、肉や野菜などの食べ物に混じって、鉄などの金属や靴など食べられないものが入れられていました。私も若気の至りで友人と「闇鍋パーティー」を行い、一度だけ食べてみた経験がありますが、長靴を食べて吐き気を催したあとは、食欲を失ってとても食べられたものではありませんでした。やはり鍋は、おいしい食材があるから鍋だとつくづく思いました（真似しないでくださいね）。

この闇鍋と同じように、「リベラル」とは、「何でもありの鍋状態」です。「民主主義」、「平和主義」から「平等主義」「自由主義」「友愛（博愛）主義」「寛容主義」「正義主義」、そして「左翼主義」から「暴力革命主義」まで、何でも入っています。

そんなもの、食べられるわけはないでしょう。（笑）

その事実は、戦後史のうちとりわけGHQが日本の占領期に、日本人に対して「リベラルは正しい」という価値観を中心に、共産主義を含むさまざまな思想を混ぜて教え、日本人が自分たちの思想を取り入れてしまったことによく表れています。

つまり、戦後日本人は、このような欧米思想の「闇鍋」を食べさせられていたのです。

いまでも七〇歳近いくらいのいい年をした年齢の方が、無邪気にも「私はリベラルです」などと言っているのを聞くことがあります。しかし、それは自らをしていまだに闇鍋をつついているような「大人の分別のつかない人間だ」と言っているのと同義語です。もはや止めた方がいいでしょう。

いずれにせよ、現在アメリカや欧州、日本だけでなく、思想の世界は大混乱が起きているという状況になっているのです。

日本と世界で混乱を引き起こした新自由主義

リベラルをめぐって、なぜ思想の世界でこのような混乱が起こるのでしょうか？

日本における長引くデフレ不況を引き起こした「ネオ・リベラル経済思想」（新自由主義）という側面から補助線を引き、それをもとに考え直してみましょう。（P107の図参照）

その前提として、「失われた二〇年」という、九〇年代中盤から二〇一〇年代前半までの経済のデフレ不況の原因は何だったのかという問いを突き詰めなければなりません。

二〇一〇年代の日本の政治の世界では、郵政民営化など構造改革を唱える小泉純一郎《こいずみじゅんいちろう》元首相という「新自由主義者」が出てきましたが、これは、当時のＦＲＢ（連邦準備制度理事会）のバーナンキ総裁が絶賛していた「シカゴ学派」でノーベル経済学賞を受賞したミルトン・フリードマン・ハーバード大学元教授の影響を受けていました。

このフリードマン氏こそ、経済学における「新自由主義者」（ネオ・リベラリスト）と呼ばれる張本人であり、「マネタリスト（貨幣経済重視主義者）」かつ、経済的自由を阻害するあらゆる規制や制限を取り払うべきという「規制緩和論者」でした。

しかし、日本人の経済思想は、戦後ずっと主流だった「ケインズ主義」にするのか、フリードマン氏の新自由主義にするのか明確にされていませんでした。

この状況下で、「失われた二〇年」をもたらした九〇年代中盤以降の日本経済は、財政や金融を緩和するのか規制するのかしないのかハッキリせず、アクセルとブレーキを同時に踏むという「ストップ・アンド・ゴー政策」、あるいは金融政策も為替政策も小出しにするという「戦力の逐次投入」というべき経済政策を行い続けました。

とりわけ九七年から九八年にかけての橋本龍太郎内閣では、金融財政の大幅な緩和を行いながら、消費税を三%から五%に引き上げる——というその後の「失われた二〇年」のきっかけとなる政策を行い、経済的不況を悪化させました。

あまりよく知られていないのですが、消費税増税を決めたのは橋本内閣の前の社会党の村山富市内閣でした。アジア通貨危機が起きる直前ですが、実はそのとき私は、自民党と社会党、新党さきがけという三党連立政権（自社さ政権）で行われた消費税増税が決まった与党税調の議論の経緯を内側から直接見ていました。

自社さ政権の考え方の基本として、「消費税は将来の社会保障に使われるべき」というのが大義名分でした。

当時の自民党は橋本龍太郎総裁に野中広務《のなかひろむ》幹事長という「リベラリストかつドメスティック」な幹部たちが中枢を占める体制だったからです。社会党は村山富市氏が総理大臣、新党さきがけは鳩山由紀夫氏や菅直人氏といった、名実ともにリベラルな政治家たちが集まっていました。

あとでまた述べますが、この「リベラリスト」たちは、国家・国民を大事にする「経済ナショナリズム」を排斥する方向に向かうという点において、新自由主義、ネオ・リベラリストとはとても相性がよいのです。当時世界は国家経済を否定し、グローバル経済に流れていく時代でした。

また、当時のアメリカの民主党のビル・クリントン政権は、政治的にも経済的にも「日本離れ、中国贔屓《びいき》」の姿勢を見せ、ヨーロッパも共産主義国家が終わって、「今後はリベラルが世界中の社会の共通思想になる」といわんばかりの雰囲気でした。

このリベラル主義がかえって経済の混乱を長引かせたのです。

かくいう私自身も、新党さきがけの小沢鋭仁《おざわさきひと》衆院議員（のちに民主党代議士から日本維新の会衆議院議員）らと一緒に、ポスト冷戦経済思想の「社会的公正さ」を増強させるための「ニュー・リベラリズム（ニュー・リベラル）」の研究をしていたほどです。

「ニュー・リベラリズム」とは、「ネオ・リベラリズム（新自由主義）」に比べ、「社会的公正さ」を増すために、所得の再分配率を高める、つまり欧州の社会民主主義的な手厚い医療や福祉などの社会保障費などの増大化を目指すところに特徴がありました。

一方で、社会保障費を高めるためには、消費税を含めて増税に積極的に賛成する点に大きな問題がありました。言いかえれば、「ニュー・リベラル」とは、欧州型のリベラリズム・社会民主主義とアメリカ型の新自由主義の「中庸型思想」でした。

経済とは、少なくとも日本においては「経世済民」という多くの人々を救うものでなければならず、所得の再分配も含めて公正でなければならないはずだと考えていたのです。

ところが、その頃から世界経済では、資本が国家から流出するという「キャピタル・フライト」を起こし、「富の集中化」、すなわち「貧富の格差問題」という劇的な現象が起きていました。九八年に日本で行われた「金融ビッグバン」は、富の集中化と所得の格差に拍車をかけ、年功序列型で働いていた一般の日本人の賃金は、どんどん下がるという現象が起きてしまいました。すると、企業側は正社員切りを行い、派遣労働者で人件費を安くし、さらに悪化すると派遣切りを行う。という企業防衛策に踏み込んだのです。

そこで日本経済を上向かせるための新たな経済思想が必要となり、それが竹中平蔵《たけなかへいぞう》氏らの「新自由主義」だったわけですが、旧いリベラル主義者たちは、そのことに気づかないばかりか、ケインズ主義を続けようとする自民党までも「経済失政だ」と非難し続けているのです。

「ネオリベ」は終わらない

「ネオ・リベラリズム」は日本語で政治で使われる意味と、経済や生活文化面で使われる意味がかなり違います。

たとえば、小泉内閣当時の構造改革路線や、その頃さかんに提唱されていた日本への移民を一〇〇〇万人以上受け入れする案などは、「ネオリベ」的な政策として、いまだに生きています。私から言わせてもらうと、「新自由主義」とは、「カネに対する欲望に忠実な思想」です。もっと言えば、グローバル市場化により「稼げる人間だけが稼ぐ」という思想で必然的に企業収益を第一の目的として、リストラや賃下げに歯止めがかからなくなり、それを防げない労働組合は、「無用の産物」となります。

これにより日本では、「グローバル化」と「市場原理主義」によって高度成長の「三種の神器」といわれた「終身雇用」「年功序列型賃金」「企業内労働組合」の三つの制度が崩れたわけですが、「市場経済活動の最大化」という動機から出てきた思想でしょう。

このように、小泉政権の頃に経済や経営を合理化・効率化する思想を貪欲《どんよく》に受け入れようという風潮が起き、それが日本でもヒト・モノ・カネの移動を自由にする「グローバリズム」になっていきます。

一方、「ネオ・コンサバティズム（ネオコン＝新保守主義）」は、日本的に言うと、思想的には個人の自立と自由を大切にする「自由主義（リバタリアン）」的傾向が高いのですが、特色は新自由主義との似て非なる点として、現状を「保守」するために、戦争を含む革新的、あるいは過激な手法も辞さないところでしょう。日本でも、二〇一〇年代からこのようなネオ・コンサバティズムのような過激な保守派が出てきたのは間違いありません。

新自由主義は、世界的な「資本の集中」や、「規制緩和」による経済活性化政策という意味などに使われたりするほか、前出のフリードマン氏や投資家のジョージ・ソロス氏のように、「社会的公正さ」を強く求める傾向があります。実際にフリードマン氏は、「肌の色による人口の階層化は、アメリカにおける収益の不均等化格差を生みだす、もっとも強い要因の一つになっている」と、人種差別には反対の姿勢を明らかにしています。

日本ではフリードマン氏の影響を受けた日銀出身の竹中平蔵氏や中原伸之《なかはらのぶゆき》日銀元政策委員会審議委員らが先導し、「規制緩和」や「日銀改革」を行いました。

実際に日本政府は郵政民営化や道路公団の民営化を含めた規制緩和を進め、量的緩和やゼロ金利政策も進めましたが、国民の物価や賃金はほとんど上がりませんでした。事実、二〇〇〇年代中盤には、経済社会的には「貧富の格差」が進み、国家が必ずしも国民を幸せにできないという現象を生んだわけです。

そうかといって、ネオリベは無くなったわけではありません。

たとえば、橋下徹《はしもととおる》氏や小池百合子氏などは、「新自由主義型」の規制緩和や、常に議会と役所の構造改革などを進めていますし、何より現在においても安倍総理自身が、トランプ大統領の誕生によって頓挫《とんざ》したものの、TPPの積極的参加や内閣府の試算で毎年二〇万人規模の移民計画の推進なども進めているほどです。

日本では、小泉内閣の当時の新自由主義的な経済政策の「失政」を問う声が多いにもかかわらず、何の処分も社会的制裁も行われていないのは、いまだに官庁や経済人たちに「ネオリベ的思想」が残っている証拠でしょう。

もともとリベラル派が求めた消費税も、日本の社会保障にはほとんど使われていません。このような現象は、リベラル派の衰退を十分に物語るものです。実際にそれに対する異論の声は、保守側からだけでなくリベラル派内部も上がりましたが、最終的には「ネオリベvs.保守」の戦いという構図になりました。

保守には、グローバリズムに反対する意見が必ずあるからです。

それに対し、日本のリベラルな風潮の中では、たとえば多くの移民を受け入れ、その社会保障費として消費税を上げることに賛成する経営者や官僚が少なくありませんでした。だからこそ日本の財務省は、現在でも「消費税を次は一〇％、最終的には二八％にするべき」という増税拡大路線を採り、「リベラリズム」が政治を左右してきたわけです。

また、国家内部での高い社会保障や「社会的公正さ」のニーズや必要性を求める声が高まってくるのが、「リベラル」の強い時代の特徴です。そこで、国家や社会の「構造改革」を謳《うた》い、過激な保守派に対しては、「ネトウヨ」とか「極右」などという言葉で激しく批判して排除しようとする「ネオリベ派」が出てくるのです。リベラルとは、「寛容性」であるはずなのに、「保守」に対しては、歴史的にまったく寛容性がありません。

実際に、不況後の日本には、過激な保守を排除しようとする声が生まれ、リベラル派とネオリベ派が手を結んで、保守を追い出すかのような構図が明らかに存在しました。たとえば、国内への移民政策などグローバリズムに関しては双方ともに利害が一致していました。なぜなら、新自由主義者側は安い労働力が欲しいのに対し、リベラル側は「人種的平等」や「寛容性」などを欲しがったからです。

結局、この二〇年の日本の経済的な思想を私から見れば、「リベラル」（世界市民的理想と国内での社会的平等と公正を重視）、「新自由主義」（自由な世界市場の拡大による政治・経済的欲望への追求）の二者を、経済ナショナリズムを含む「保守」（国家の自立と規律による経済的な漸進主義）が追うかたちで争っている状況でした。

いまや経済的な社会主義を行うというマルクス経済の「オールド・リベラル」が終わり、ネオリベ派の意図する「市場からの国家の撤退」という思想だけが残っていきました。

それと前後して、アメリカでは二〇〇八年の「リーマン・ショック」のあとに誕生したオバマ政権が「市場原理主義」を基本思想とする「財務省・ウォール街に支配された」という批判が強まり、「民主社会主義」をうたう民主党のバーニー・サンダース氏が現れ、結局、ヒラリー・クリントン氏に統合されました。つまり、政治・社会的な「リベラル派」は、経済的な「ネオリベ派」に支配されやすい関係にあるわけです。

近年でこそ日米ともに「ネオリベ派」は息をひそめていましたが、ヒラリー・クリントン氏らが大統領に就任しリベラルが権力を握ると、再び「ネオリベ派」である「ウォール街が出てくる」と指摘されていました。

米大統領選の少し前、「リベラル派」（厳密には「ネオリベ派」と思われる）を自認する作家の橘玲氏は、二〇一三（平成二十五）年に行われた総選挙を受けて、「野党で共産党以外に票を獲得できたのは〝ネオリベ〟の政党のみ。民主党も小沢《おざわ》一郎《いちろう》が出て行ってネオリベが主流派となった。（中略）安倍政権もネオリベといわれているのだから、今回の選挙で日本の政治はネオリベ一色となった」、「いま起きていることは、オールドリベラルが生み出した福祉社会が機能不全となった時代の必然です。日本の政治は今後、『保守的なネオリベ』と『現実的なネオリベ』に二極化していくことになるでしょう」（「週刊プレイボーイ」二〇一三年七月二十九日号）と断言していたほどです。

橘氏は、自分が「ネオリベ派」だから「ネオリベ派は生き残る」どころか、「日本の思想はネオリベだらけになる」と言いたいのかもしれませんが、はたしてそれは真実だったのでしょうか。アメリカ国家がトランプ氏を選んだということは、国内に貧富の格差を生む「グローバル化の否定」という側面があったとしか思えません。

アベノミクスも経済左派政策

橘氏の言う「ネオリベ」は、実は日本では小泉内閣が終わり、五年ほど経った二〇一〇

（平成二十二）年頃から、「青息吐息」の状態でした。

平成二十四年の第二次安倍内閣におけるアベノミクスの「三本の矢」の財政政策を始めとする当初の経済政策は、明らかに「経済左派」的な政策を敷いていました。

一つは、リベラル政権であった民主党政権が敷いたデフレ経済から脱却するために、自国通貨の価値を下げること、つまり「円安」に向かうように金融緩和を行いました。

二つめは、財政で公共事業を増やし、ケインズ主義的な経済効果を狙《ねら》いました。

三つめは、医療費や社会保障費などの削減には積極的には取り組まない方針でした。

労働政策のいくつかも、「タカ派」と呼ばれる安倍政権が意外なほど「経済左派」であることを物語っています。たとえば、大企業の会社員の賃上げは、間違いなく「経済左派」の仕事ですが、これも安倍政権が直接経済界に申し入れて行っています。

さらに「新三本の矢」で出してきた「働き方改革」のうち、「同一労働・同一賃金」などは、北欧で行っているようなリベラルな労働政策です。

そして貿易自由化を進めるＴＰＰは、確かに「経済右派」的な政策ですが、これはもともと民主党政権が進めていた政策であり、それを経済産業省が後押ししたものです。一般に自民党より現在の民進党の方がまだ「経済右派」的な政策を行う場合が多いのです。

あたかもリベラルのお株を奪ったかのような政策を次々に打ち出す安倍政権は、実は第一次安倍政権が崩壊した二〇〇七（平成十九）年以降、「保守的な政策」だけでは政権はもたないという反省を側近や内部で行ってました。その中身には「戦後レジームの脱却」という言葉を使わないなど、いくつかの方向性がありますが、経済的には、「日本の歴史と経済政策は左派のものが有効に機能する」という経験則ができたと思われます。

戦後日本では、GHQの占領政策以来、一貫して日本人の政治思想は強引に「左翼」と「リベラル」、そして「右翼」に切り分けられましたが、経済・福祉的な分野で見ると、もともとは右も左もリベラルも基本的には「大きな政府」を目指すという「経済左派」的な政治風土であったことが大きな要素となったのです。

実際、日本の戦後経済政策は、とにかく占領政策の「抜け道探し」に追われていたため、小手先の延命措置を行い、マルクス主義のような景気や物価の向上に対して決定的な責任を取らなくても済む「バラマキ型」のリベラル的な政策も横行しました。

ところが、先に述べた「ネオリベ的」な政策を敷いた小泉政権での「新自由主義」は、「経済右派」と呼ばれ、あの朝日新聞経済部の経済思想までもが、「経済右派」と呼ばれるほど賛同していた――という実態がありました。

これは「ネオ・リベラリズム」による経済政策が当時からいまに祟《たた》るまでアメリカでは歓迎されていたからですが、リベラルとネオ・リベラルの融合といえるでしょう。

一方、昨年秋からは、日銀の金融緩和政策は、「三本の矢」の三本めに当たる「金融政策」では、量的緩和を行っても、なかなかインフレ目標の「二%」に到達しませんでした。

黒田東彦《くろだはるひこ》日銀総裁は、マイナス金利の導入と金融緩和の継続に踏み切りましたが、リベラル派やネオ・リベラル派からは、「リフレ政策は失敗した」「金融緩和はうまくいかなかったのではないか」という「リフレ失敗説」が飛び交っています。

しかし、国内の貨幣供給量を増やし、消費を喚起するなどという考え方の点で、「経済保守派」的であるリフレ政策には、まだ「失敗」と断定する決着がついていません。その前に、日銀のリフレ政策を批判するリベラル側には、消費税の増税など自らの政策の失敗を反省する必要があるのですが、それも十分には行われているとは言えません。

いずれにせよ、消費税の増税延期もそうですが、日本の「経済保守派」の考える経済政策は、「経済左派」的なリベラル政策と近く、国家・社会的に国民の貧富の格差を平等にするという役割もありました。

その意味で、経済における日本のリベラル派は、保守派の経済思想と同じように新自由主義の思想とは歴史的に相性が悪く、ネオリベ派の「経済右派」とは真反対の思想でした。

戦後「経済保守派」が浮上しなかった理由

ところで、その間、経済思想的な保守派は、なぜ浮上しなかったのでしょうか。

とくに第二次安倍政権が誕生した二〇一二（平成二十四）年には、最大のチャンスを迎えていました。まず民主党政権で政治社会的に「リベラル派」が壊滅的打撃を受けてしまい、リベラル勢力は、ネオ・リベラリズムに利用されるだけの役割となってしまいました。日本では二〇年間不況だったにもかかわらず、消費税の増税を行い、公共投資は極めて限られたものとする構造改革路線が幅を効かせました。

アメリカでもオバマ政権下で、グローバル化が進み、「一%の富裕層と九九%の貧困層」という貧富の格差の二極化が最大化しました。

本来なら新自由主義の歯止めをかけなければならないはずのリベラルは、経済的にはきわめて無力でした。このリベラル派凋落の原因については前に述べたように、「ネオリベ派」との親和性が高かったからですが、二度と浮上できないほど落ち込んでしまいました。

一方、新自由主義の対抗馬となるはずの「経済保守派」も封印されていました。「経済ナショナリズムは保護主義となり、第二次世界大戦のような戦争を起こす」、「ネトウヨの主張は聞く必要がない」といわんばかりの風潮は、実はこの二〇年間の経済のネオ・リベラリズムとオールド・リベラリズムの融合という現象が大きく左右していたのです。

先に述べた金融の「リフレ政策」などもデフレが始まった橋本内閣の九六（平成八）年頃から存在しました。たとえば、日本国内に「積極経済」を打ち出そうとした故・梶山静《かじやませい》六《ろく》氏は、日銀の貨幣供給量を大幅に増やし、国内需要を喚起するという大胆なリフレ経済政策を打ち出していました。最近話題になっている国内市場への「ヘリコプター・マネー論」など、「経済ナショナリズム」的な政策を提唱していましたが、残念ながら、構造改革を先に行うべきとする「ネオリベ派」と社会保障に使うべきという「リベラル派」の挟み撃ちにあい、梶山氏の経済政策は日の目を見ることはありませんでした。

経済産業省出身の中野剛志《なかのたけし》氏によれば、ナショナルアイデンティティを重要視する「経済ナショナリズム」は、「ずっと異端であり続けた」といいますが、その理由には、「国民」（ネーション）と「国家」（ステート）の区別がついていないことなどを挙げています（『国力とは何か　経済ナショナリズムの理論と政策』）。

しかし、この「国民・国家」の思想を常に無くす方向性を向いてきたのが、世界のリベラル派だとすれば、その責任は大きいと言わざるをえません。

なぜなら、九〇年代中盤から日本がデフレ経済を続けてきた要因は、グローバル化を目指すネオリベ派が「国民国家」という概念を無くしてきたこともありますが、「経済ナショナリズム」の思想が常に「異端の経済思想」というレッテルを貼ってきたリベラル派にも責任があるからです。そのため、日本国内では長らく国民の利益と企業や株主の利益の乖離《かいり》を生み、最終的にはリストラや派遣労働者の増加という人件費の抑制策を生まざるをえませんでした。デフレ経済は物価が安くなる分、リベラル派にも利益があり、しかしその一方で失業が増え、自殺者は一三年連続で年間三万人を超えるペースとなりました。

だから、私自身はこの国力を重視する「経済ナショナリズム」を排斥したリベラル思想こそが日本の「失われた二〇年」を作った遠因となったと考えています。二〇年間続いたデフレ経済の結果、「経済ナショナリズム」の思想が常に「異端の経済思想」とされてきたわけです。この国力を重視する「経済ナショナリズム」への排他思想が日本の「失われた二〇年」を作った原因の一つとなったと指摘できるからです。

仮にもし「経済保守派の思想だけでは、経済政策は成り立たない」という状況であるならば、いまの安倍政権が行っているように、「新自由主義」や「経済ナショナリズム」のそれぞれを「良いところ取り」するような「ベスト・ミックス」の方法を採っても良かったはずです。結局、経済とはその時代によって異なるのは当たり前だからです。

それだけ、戦後の日本人は、これまで自らを幸せにするために自身で考えるべき経済思想の空間が狭く、欧米の経済思想に頼り切りになっていました。

その結果、三〇代、四〇代の若い層は、リベラル派の多い団塊の世代など高齢層を尊敬しなくなりました。九〇年代に「経済ナショナリズム」の思想に対して、「異端の経済思想」などと排斥せずに、きちんと向き合って早めに取り組んでいれば、おそらく日本の「失われた二〇年」はありえなかったといえるでしょう。

結局、自らの経済思想を持てない国民は、自らの基盤である経済を危うくします。

日本人は、アメリカや欧米から輸入ばかりしている経済思想の依存体質を止め、普遍的かつ独自の経済思想を創り上げなければならないはずなのです。

第七章

本当のリベラリズムは神道にある

神道の「むすび」の世界観を描いた「君の名は。」

この思想が大混乱した世界で、日本人は自らの思想をどう保てば良いのでしょうか。欧米よりも優れた「日本思想」とは、いったい何なのでしょうか。

その答えを見つけ出すために、日本だけでなく世界で大ヒットしたあるアニメ映画と、日本でもっとも古い思想である「神道思想」に焦点を当ててみたいと思います。

平成二十八年、東宝が配給したアニメ映画「君の名は。」が世界中で大ヒットしました。

ご覧になられた方はわかると思いますが、岐阜県の飛驒の神主の家に生まれた「三葉」が、東京に住む「瀧」と夢の中で出会い、いつの間にか入れ替わってしまうというストーリーです。そして同時に住むことができない東京と飛驒に住む男子高校生と女子高校生が、密接につながり、結ばれるという普通の生活の中に、日本のアニメ映画の質の高さがよく表れています。

ちなみに、この物語の中には、「神道的仕掛け」がさまざまに施されています。たとえば、「三葉」の実家は神社で、巫女《みこ》舞を行っている舞台設定。物語の中に、「夢のお告げ」が出て来たり、『古事記』や『日本書紀』といった神話のメタファ（隠喩《いんゆ》）が展開されているところ。隕石《いんせき》が落ちる場所には、神聖な土地があるところ。「三葉」と「瀧」が再会するシーンは、東京の須賀神社という場所であること。並べ上げればキリがありません。

実際に、新海誠《しんかいまこと》監督がこう語っています。

「『君の名は。』には、もうひとつ隠されたログライン（注・一行で表す物語のこと）があって、それは〈夢のお告げを受けた少女が、人々から災害を救う〉というものです。実はこれは、昔話や民話、神話でくりかえし語られてきていて、古くは『日本書紀』や『古事記』の中で、災害があったときに天皇が特別な場所で眠りに就いて、夢のお告げを受けることで平和をもたらす話が数多くあります」（『君の名は。』パンフレット vol.2）

このように、新海監督は「神道」の神典である『古事記』や『日本書紀』をストーリーの中に組み込み、その点が「ほかの映画にない『君の名は。』の特徴」と述べています。

なかでも三葉のお婆ちゃんの「一葉」の台詞《せりふ》は圧巻です

一葉「三葉、四葉、むすびって知っとるか？」

三葉「むすび？」

一葉「土地の氏神様をな、古い言葉でむすびって呼ぶんやさ。この言葉には深ーい意味がある」

「糸をつなげることもむすび」

「人をつなげることもむすび」

「時間が流れることもむすび。全部神様の力や」

「わしらのつくる組紐《くみひも》もせやから、神様の技。時間の流れそのものを表しとる」

「撚《よ》り集まってかたちをつくり、捻《ねじ》れて、絡まって、時には戻って、またつながり……」

「それがむすび。それが時間」

実はこの台詞そのものが、「神道そのものである」っていう事実を読者の方は知っていますか?

「君の名は。」の小説の中では「むすび」は「産霊」という言葉が使われ、日本の飛騨の地域の氏神の「産霊《むすび》」の存在が語られています。

つまり、この作品は、「八百万《やおよろず》の神々」が存在すると考えないと成り立たない物語なのです。日本の神道で明らかなのが、欧米の神のような「唯一絶対神」ではなく、自然の摂理に適った「八百万の神々」が存在し、日本には「高御産巣日神《たかみむすびのかみ》」、「生産霊日神《いくむすびのかみ》「足産霊日神《たるむすびのかみ》」など、さまざまな「むすびの神」が存在します。

この「むすび」とは、万物と神と人との「結び」です。これこそが神道の最終的な目標であり、神髄と呼んでも良い部分です。人には「出会い」と「個性」があるように、八百万の神々にもそれぞれに「個性」があり、「出会い」があります。

その人とほかの人は、単なる「他人」ではなく、どこかでつながっているのかもしれない。また人と人は「対等」ではありますが、「平等」ではなく、魂を持った人々のつながりが何かを生むと考えます。さらに人と人が結ばれることによって、人は生かされ、またお互いに幸せになることができるのです。これが、日本と日本人の「普遍の真理」です。

それは何も外国には通用しないということではなく、外国でも人と人の出会いがその人の「運命」を変えると考えます。

このような日本と日本人の考え方の基本にある「神道」が世界中で受けているわけです。しかし、リベラルな人の考え方は、これとは異なります。人はあくまで「個人」であり、それぞれ「人権」を持った「他人」です。さらに人と人はあくまで「平等」であり、つながったり、結ばれたりすることにはあまり価値を見出しません。

どちらが正しい、ということはあえて言いませんが、相手をことさら非難し批判するだけだったり、自分が正しいと主張するだけで、お互いが生かし生かされたりすることを考えなければ、「むすび」は起こりえず、人は幸せにならないと、神道では教えているのです。

このような日本らしい思想、日本人らしい考え方は、あくまで欧米とは異なります。

個々の異なるものをまた再び「むすび」の状態に変えることも、私から言わせると、「リベラル」なはずです。ただ単に、寛容な姿勢を見せて、自分の考えと異なる人々を排除し、非難することとは違います。

考えようによっては、そういう古代からの神々の世界が残っている世界が日本であり、それが日本人には現実である、ということを「君の名は。」はよく表しているのです。

その神道でのリベラルは、「平等」ではなく、「自由」です。

これからその神道の「自由性」を説明したいと思います。

神道にみる「自由・平等主義」

神道とは本来、自由なものでした。

古代には、人は何を信じても、どんな神を崇めようと、自然の下での人間の摂理に反しない限り、何をしようと自由だったのです。

日本人だけでないかもしれませんが、人は常に「自由になりたい」とか、「空を飛びたい」などと古くから理想を抱いていたのです。

そのことは、日本の八百万の神々の名前を見たらわかります。たとえば「天之鳥船神《あまのとりふね》」は、自由に空を飛べる神です。

また、「芸能の神」と呼ばれる「天宇受売命《あまのうずめのみこと》」は、『古事記』の天岩屋戸神話では、「胸《むな》乳《ち》をかきいで」極めて自由に踊っています。いまで言うと、「ダンスの神様」ですね。「自由主義」とは、周知のようにアメリカのリベラル主義の中心にあり、近代西洋の三大主義の一つとなっていますが、私自身は、日本には太古の昔から「日本型自由主義」は存在したと考えています。

実際に日本の神道は、本当の「自由主義」を考える上で、良い教科書になります。まず、神道には、「言論の自由」ならぬ「魂の自由」があります。あの世でもこの世でも自由に行き来してお盆には帰ってくることができる。後述するように、同じ系列の神社同士にも神様同士のネットワークがあり、自由に飛び交っていると考えられています。また、世界のほかの宗教のように、無理な「布教」をしません。確かに現代の神道には、「教化」という言葉はありますが、無理やりに人を信仰させよう、などという考え方ではありません。むしろ、「人間は何を信じようと自由だ」という価値観があります。

実際に、日本人は世界の宗教では、唯一と言って良いほど、宗教に大らかです。その特長は、多神教であることです。日本人は生まれたときと、すくすくと育ったときには、初宮参りと七五三に行き、イエス・キリストの生誕日にはクリスマスを祝い、亡くなるときは仏教のお寺で葬儀を行い、墓に眠る。実際、正月には多くの日本人が初詣《はつもうで》に行きますし、ハロウィーンの日が来ても、基本的にはそれを受け入れてしまいます。

こういう大らかで寛容な、世界の人々から見ると、「いい加減」な宗教観こそ、日本人の「宗教的自由性」であったわけです。

この宗教観こそ、実は日本の神道の持つ「自由主義」であり、思想的にも広がりを持つ「寛容性」でした。

一神教の「不寛容」を超越する日本の思想

「リベラル」は「寛容だ」と言いますが、たとえば外国のように、一神教が「国教」であれば、神社に初詣に行く習慣はなくなっていたでしょうし、キリスト教が日本の主たる宗教になっていれば、今頃神社は教会に変わっていたことでしょう。
実際には、江戸時代には仏教が日本の国教的な扱いを受けながらも、最盛期には二〇万社近くの神社があったといわれています。明治時代に入り「神仏分離令」によって神社の統合や廃祀《はいし》がなされて、約一二万社に減り、現在では約八万社となりましたが、最近は神道はなくなるどころか、ますます隆盛しています。
明治時代にキリスト教が入ってからも、神道は逆に強くなってしまったような現象が起きたのです。だから私は、基本的には、神道は単なる「宗教」として捉《とら》えてしまうと、説明が不可能になると考えています
これは、「言挙げせず」という日本人の慣習通り、日本の神道がほかの宗教に対してうるさく言わない代わりに、「多神教」であることを認めてもらうことになります。

そして、神道を「中核」や「中心」に据えるとなぜかうまくいくという事実を日本人がもっともよく知っていたという証拠です。

よく指摘されることですが、神道には一人の「教祖」もおらず、明確な「教義」もありません。まるで、「神道は『権力』ではありませんから、どう解釈しても自由ですよ」と言っているかのようです。いわば、「上から目線」や「押しつけ」はありません。

一方で、欧米の概念では、明確な「教義」があり、絶対神を頂く「教祖」がいて、それを教え広めることが「宗教」とされます。

日本にある仏教やキリスト教、イスラム教はそれに当たります。人間は与えられた条件や制約、つまり「戒律」や「洗礼」を受けるからこそ、信者は「教え」を大切にします。

それもまた宗教の特質の一つでしょう。

しかし、神道は普通の宗教の「教え」を超越しています。一つの教えを説くことで、矛盾が生じ、考え方の異なる信者とは、必ず対立を招くために、「教え」すら説きません。

一神教をもとにするキリスト教とイスラム教の対立が、いまだに欧米や中東での相次ぐ紛争やテロの背景というかたちになっていることはその表れですが、最初から「教え」を説かなければ、その対立もなくなるからです。

移民に対する日本人の知恵

ところで、神道の神様には、「ベスト・ミックス」という発想があります。

これは日本の神様と神様は、お互いが自立した個性を持っていて、その神様同士が話し合い、「共存共栄」を求めてお互いに譲り合い、一番良い結論を見出すというものです。

出雲の「国産み神話」では、「大国主命《おおくにぬしのみこと》」と「少彦名命《すくなひこなのみこと》」は、身体の大きさや個性も、与えられた役割も、お互いに違いますが、力を合わせて出雲の国造りを行います。このように、「共治」や「和」という考え方が、日本の神道の思想の下部構造にあるのです。

よく「大和系」と「出雲系」は過去において対立したという歴史は聞きますが、いまでも対立しているわけではありません。

こういう「統合」の考え方は、欧米ではギリシア神話のオリンポスの神々やローマ神話にこそ存在しましたが、キリスト教の布教とともに排除されていくようになりました。

ある価値観の下に統一されなければならないと考えるために、欧米の倫理や道徳は、「人はこうしなければならない」という教条的なものになってしまうのは事実でしょう。

このキリスト教的な倫理観や道徳観のなかで、いまも欧米の「リベラル」と「保守主義」、そして「社会主義」という生まれも育ちも違うものが「共存」を目指そうとしています。

その象徴が「移民」と「難民」です。

欧米社会には、人は「あらかじめ平等でなければならない」という「予定説」があることは前にも述べました。偉大なる神は、「平等」と「自由」というまったく異なる価値観を「両立」できるから、人間も対立することを前提に、希望や目標にすべきだというものと解釈すればわかりやすいでしょう。しかし、神の名の下に、対立している「平等」と「自由」が両立し、何が何でも一つに「統合」しなければならないからという理想主義は、いまや人間には不可能だという「欺瞞《ぎまん》」が明らかになってきました。

この理想主義は、その後欧米の思想の中心となった考え方なのでよくわかりますが、日本人には「対立」よりも「循環」の生き方が尊ばれるため、不自然だと考えられ、あまり好まれません。

なぜなら、たとえば日本では欧米のように日本人が外国に出かけて相手を縛り付けてまで「奴隷」にすることは歴史上、まったくありませんでした。

歴史的には解釈の違いはありますが、イギリス、スペイン、ポルトガルなど欧米諸国が何度も行ってきた外国への「植民地支配」も一時期を除いてほとんどありませんでした。

その一方で、飛鳥時代以前から日本に入って来ようとする人たちが「帰化」というかたちで「移民」はありました。

それは日本人の知らない技術や宝物など、「新奇なもの」「珍しいもの」を持っていれば、原則として受け入れるというものでした。つまり、彼らとは「和して同ぜず」というかたちでの融合を目指してきたからです。

いまアメリカは、「偉大なる自由の国、アメリカ」の名の下に移民をたくさん受け入れて来ましたが、ここに来ていよいよ限界に達し、思想上も破綻《はたん》をきたしています。

過去に移民してきた白人の三世、四世の人たちが、新しく不法移民をしてくる人たちまで受け入れる余裕がなくなってきたからですが、いまアメリカはそのような無理なものを無理だと言っているにすぎないのです。このように日本と日本人にとっての「寛容」とは、揺らぐ価値観であるからこそ、歴史的に条件をつけて受け入れていたわけです。

「神道＝アニミズム」は誤り

「日本は八百万の神々の国である」

こう語ると、おそらく大部分の日本人は否定しないでしょう。日本には、仏教もあるし、キリスト教もある。儒教もあるし、最近ではイスラム教徒も増えています。

もちろん、厳密にいえば、神と仏、キリスト教やイスラム教の神概念と日本の神概念は異なりますが、日本では有史以来、この多神教特有の「寛容性」を持っていたと言えます。

この「寛容性」の中心には、神道があります。神道は、「物言わぬ宗教」と呼ばれ、大らかな分、外部からは偏見が多くなりがちで、いまでも「神道とは国家神道である」などという誤解もまかり通っています。

たとえば神道には、「七福神」（恵比寿《えびす》・大黒天・毘沙門天《びしゃもんてん》・弁財天・布袋《ほてい》・福禄寿《ふくろくじゅ》・寿老人《じゅろうじん》）

のように、インドや中国など外国の神々も祀《まつ》っていますし、金比羅《こんぴら》様のように、ヒンズー教などほかの宗教の神様を祀っています。ちなみに、有名な「大黒様」は、日本では「大国主命」ですが、インドやチベットでは「シヴァ神」の化身とされています。また、「福禄寿」と「寿老人」は、道教の神様です。

神道は、「日本古来の神様でなければならない」という決まりはありません。日本人自身がこのような「寛容性」を併せ持つ事実は、もっと深く神道の思想を知らなければ、外の世界に説明することができないでしょう。

古来から日本人の精神性の基層には、間違いなく神道がありました。

そこで、日本人自身が日本の神道思想をさらに深く考える上で重要なのは、古代から存在した何が神道において重要視されていたかという点です。

よく神道は、多神教であると同時に「アニミズムではないか」という指摘があります。

これは「あらゆる自然や物に魂や霊が宿る」という「自然信仰」の一つですが、明治維新以来、日本にキリスト教が解禁され、リベラルな欧米側が一〇〇年以上も日本の宗教を批判することでキリスト教を布教するために、用意された答えで、結論を言えば違います。

なぜかと言うと、神道は日本人の文化や生活の中に完全に溶け込んでおり、もはや「アニミズム」という段階を超えているからです。神道を分解して考えて行くと、「日本人の生き方」の部分と、「日本人の美意識」、「日本人の魂（と心）」の部分があります。この「神道の構造図」に関しては、『本当はすごい神道』（宝島新書）に書いていますので、詳しくは参照していただきたいと思います。そのため、キリスト教はいくら日本で布教しても、日本人の一％を超えることはなかなかありません。

さらに、神道には、「自然信仰」のほかに、「先祖信仰」や「共同体信仰」などがあります。単なる「アニミズム信仰」と違います。とくに「先祖信仰」に関しては、青森県の三内丸山《さんないまるやま》遺跡や奈良県の纏向《まきむく》遺跡などでは、今から四〇〇〇年～五〇〇〇年の昔より神道的祭祀《さいし》が行われている事実が判明しており、日本の中国より古い思想だと指摘できるくらいです。

ちなみに、「アニミズム」というと、具体的には、「自然信仰」や「精霊信仰」に基づく信仰を指しますが、その定義を作ったのが十九世紀イギリスの文化人類学者、エドワード・タイラーでした。タイラーは、ダーウィンの進化論に基づき、「すべての物や自然現象に、霊魂や精神が宿るという思考」と定義し、「未開で宗教の初期段階である」と提唱されていました。これはいわゆるラベリングで、日本の神道を貶《おとし》めるためでもあるのです。

古来から日本にあったリベラル思想

確かに、日本の神の「依《よ》り代《しろ》」には、自然の岩や滝、海や川や山そのものを「御神体」と考えることがあります。「進歩主義者」である「リベラル」な人たちから見れば、「シャーマニズムだ」、「遅れている宗教だ」と捉えがちですが、決してそうではありません。

神道には、「寛容性」「自由性」「平等性」がもともとあり、「人権」ではありませんが、その人の「人格」を大切にします。

いってみれば、現在の欧米キリスト教社会を中心とするリベラルの違う意味での「リベラル」の概念のほとんどがはるか昔から存在していたのです。

「寛容性」については先ほど述べた通りですが、「自由性」については、たとえば、日本の八百万の神々は、自由に神様の顔を思い描いて「絵に描いても良い」ということになっています。これはイスラム教などでは決して許されません。かといって、イスラム教が信仰の対象であるムハンマドの絵を描く行為を禁止していることを批判したりはしません。

また、神道は、相手の宗教を「劣った宗教だ」などとは決して批判しません。

宗教と宗教、つまり神々のそれぞれの「違い」をきちんと受け止め、「平等」に扱っているからこそその「平等性」を担保しているのです。

たとえば、六四五年の大化改新（乙巳《いっし》の変）の前に、「仏教の蘇我《そが》氏と神道の物部《もののべ》氏という宗教戦争であった」などといわれますが、これも間違っています。日本は、まず最初に神道があり、紀元五世紀に儒教を受け入れ、六世紀には仏教をも受け入れます。仏教とは多少の摩擦はあったかもしれませんが、「神道と仏教が戦い合った」という記録は、神道史にはどこにも書かれていないからです。その後の「神仏習合」も含めて、基本的には「神道と仏教は、歴史的に見ると良好な関係だった」と言えるのではないでしょうか。

また、神様の世界では、「貴い神様」と「そうでない神様」がいますが、日本の神話を見ると、それぞれに役割があり、皆が一生懸命に働いています。神様にも「人格」と同じように「神格」をなし、「向き不向き」や「役割分担」があります。神様の「性質」にも、「和魂《にぎみたま》」、「荒魂《あらみたま》」などさまざまに分かれます。神道は人や社会の「多様性」を認め、それぞれが「平等」であるという思想であり、日本人もまた同じです。

すなわち、最初に相手の事情や性格、性質を受け止めて違いを見つけ、その「違いそのものを大切にする平等性を持つ」――ということだと捉えられます。実際に日本人には、自分個人の主張を行う前に、まず相手のいうことを聞く人が多いのもその現れでしょう。

また、神道には「分霊《わけみたま》」という考えがあり、たとえば全国の神明社など伊勢系の神社には「天照大神《あまてらすおおみかみ》」が、氷川神社など出雲系の神社には、「須佐之男命《すさのおのみこと》」や「大国主命」が祀られています。これは、神様同士がネットワークを作り、時空間を自由に行き来できるということを象徴しています。

いわば、神々の世界は極めて「自由」であると同様、日本人の精神は基本的に「自由」だという考え方だと言えるでしょう。

つまり、日本人は「自由性」についても、神道できちんと保証されていたのです。

以下は私個人の神道思想ですが、ここであえて日本の「神道文化」と欧米の「キリスト教文化」から発展した「リベラル主義」との違いを指摘しておきます。
「近代主義」の中でのリベラル主義は、相手の「ただ乗り（フリーライド）」を嫌います。国家や個人には「権利」があり、ただで乗ることは相手の権利を奪うことになるからです。それがリベラル主義の主張の根拠です。つまり、リベラルとは「平等」という「権利」は持っていますが、たとえば納税や法律を守らなかった場合、「違法行為」として、その人物の事情や環境によらず、それは厳しく罰せられる対象となります。そのため、ともすれば閉塞感《へいそく》があり、息苦しくなります。

一方、古来からの日本では、納税や無法になった場合の「抜け道」を用意していました。それは、日本の神道の「お祭り」のときです。

日本のお祭りでは誰でも参加でき、「ハレのお祭りのときぐらい良いじゃないか」という「ただ乗り」ができます。基本的にはとても穏やかで開放性があり、相手の事情や環境次第で、「奉納」さえもらわないことすらあるぐらいです。

最近のリベラル主義の人々は、先に述べたように「ただ乗り」を許さないからこそ、相手の「間違い」や「非」を追いつめていきます。一方、もともとの日本人は「義理」や「情」で判断しているところがありました。

最近この日本の緩やかな風潮や文化は、欧米文化の影響を受け、前に述べた「ＰＣ」を主張するような方向へと変わってきましたが、もともと日本の「自由」や「寛容」は、このような神道のお祭に見られていたと思います。

だから私は、日本の神道とは、本当は「日本型自由主義」だと考えられるのです。

「大事なもの」を継承できる民族

しかし、その一方で、日本人自身が日本人としていまその瞬間に生きていく上で、「大事なこと」も教えていました。

たとえば、神の「依り代」の一つに、鏡や刀剣があります。これらは、「御霊代《みたましろ》」とか「御神体」とも呼ばれます。

この「御神体」となった鏡や剣をどう捉えるかが日本の神道を理解できるかどうかの鍵《かぎ》となるのですが、まず全国の各神社の多くの本殿には、この「鏡」が祀られています。

とりわけ有名なのは、伊勢の神宮です。

伊勢の神宮内宮御正殿には、「三種の神器」の一つの「八咫乃鏡《やたのかがみ》」と呼ばれる御鏡が祀られているのですが、二〇年に一度斎行される有名な式年遷宮の諸祭の中では、この御鏡をお遷しする「神宮遷御の儀」がもっとも重要な儀式となっています。

なぜ御鏡を祀るのかと言うと、御皇室や神職にとっては、神道思想のいう貴い天照大神が天孫降臨のときに、邇邇芸命《ににぎのみこと》に対して「この御鏡を私と思って大切にしなさい」と言われた「神鏡奉斎のご神勅」によるものです。

すなわち、いまを生きる日本人は「大事なもの」を過去から未来へと継承していける民族なのです。

一方で、神社に参拝する一般の日本人にとっては、「鏡」を通して、現在の自分の魂や心を深く省みて、自分に正直に行いを正す、というまさに自らの魂や心の省察のための「鑑」という相互をつなぐ関係性で成り立っています。

この御鏡を人が祀る行為によって、神様が大切にするものを人が大切にし、人が大切にするものを神様が大事なものを交換するかのように、同じように大切にする。その両者の行いによって、自然と人とのあらゆる関係がうまくいく、と考えるのです。

神道では、そのような神と人間の自分の足下を照らす行為を大切にしています。

また、その神々の御前で行われる神祭は、まさに神と人との「コミュニケーション」です。いまでも出雲大社などでは、人が神を迎える「神迎之神事」や「神送り神事」が行われていますが、これは、人間同士のコミュニケーションにも役立ちます。さらにいえば、平成三十二年に行われる東京五輪のコンセプトの一つである日本人の「おもてなしの心」にもつながるもので、日本がなぜサービス産業に強いのかという精神構造に通じます。

少し余談になりますが、以下は私の見た光景ですが、平成二十三年の出雲大社の「平成の大遷宮」の神事のさいには、お祭りが終わった瞬間、大降りの雨が落ちてきました。

また、平成二十五年に執り行われた伊勢の神宮の式年遷宮における「神宮遷御の儀」のさいには、大きく伊勢の神宮の杜を動かすほどの二陣の大きな風が舞っていました。

さらに、これは地元の人に聞いた話ですが、平成二十八年の伊勢志摩サミットのさいには、オバマ大統領を始めとする先進国の首脳七人全員が、先にも仕上げた「八咫乃鏡」が祀られている内宮御正殿前に訪問し、参拝の儀式が終わったとたん、雨空が一気に晴れ始めたという話は知る人が知る事実です。

このような自然と神にまつわる「物語」が日本でなぜ語られるかというと、日本人は自然を愛し、「新奇なもの」、「珍しいもの」が好きだからです。

この「新奇なもの」、「珍しいもの」を好む日本人の習性は、日本人の「神様好き」と決して無縁ではありませんし、むしろその習性のおかげで、これまで日本人が長い歴史を生き延びてきた原因でもあるわけです。

神道が日本人を守っている

その理由は、「新奇なもの、珍しいもの」は、人の心の中に活力を生むからです。

話は世界経済に飛びますが、現代の欧米では、八〇年代にハイエク氏がこれまでの「自由主義（リベラリズム）」を推進し、二〇〇〇年代にフリードマン氏が「新自由主義（ネオ・リベラリズム）」を作りました。政治・経済学的にいえばハイエク氏は、レーガン大統領のレーガノミクスを、フリードマン氏はその後の「グローバル資本主義」を推進する思想となりましたが、これも「変化」を求めるアメリカならではの思想でしょう。

一方、日本では二〇一〇年代まで政治的には「保守主義」でありながら、経済的にはネオ・リベラリズムに近い「アベノミクス」が続いています。これも「新奇性」や「珍しさ」を求める日本人にとって適合すると考えた政策だったと言えるかもしれません。

この違いは、欧米では経済に必要なイノベーションが必要なときには「変化」を起こしますが、日本では新たな考え方、つまり「思想」が必要になるのです。

実際、九〇年代のバブル崩壊以降の不況下は、日本のケインズ中心の経済思想ではどうにも太刀打ちできず、結局フリードマン氏を中心とする「新自由主義」を受け入れてしまいました。これは、当時小泉内閣だった日本政府が、単に「新奇なもの」を求めただけにすぎなかったせいか、日本では「失敗」だと受け止められがちでした。

さて、日本の「剣」については、御鏡と同じく三種の神器の熱田神宮に奉祭される「草《くさ》薙《なぎ》乃《の》剣《つるぎ》」が有名ですが、最近では、アニメの「るろうに剣心」やゲームの「刀剣乱舞」が大ヒットとなり、女性も含めて「刀剣ブーム」が起きています。かつての日本では、「剣」を扱える武士などは尊敬の対象で、それが日本人女性や外国人まで幅広く受け、ブームとなって戻ってきているのです。

このように日本では、いまでも「古いものが形を変えて蘇《よみがえ》る」（リバイバル）こともよく起こることですが、これも神道の祭で行っていることです。

神道さえ忘れなければ、日本人は必ずしも欧米の思想通りにはなりません。もともとの思想が違えば、少なくとも文化は違うのが当たり前だからです。

さらに言えば日本と欧米の違いは、「時空間の捉え方」の違いです。

たとえば、日本の神道では、時空間を「あの世（幽界）」と「この世（顕界）」、「あの世とこの世の間（幽冥界）」があるとして捉えます。

一方、欧米のキリスト教社会や中東のイスラム教社会には、基本的には「天国」と「地獄」の二極対立構図しかありません。

つまり、日本では、あの世とこの世の「間《ま》」が大切にされているのです。

この「間」の持ち方が、「日本らしさ」の根源であり、その間の使い方は歌舞伎や能などの舞台、お茶や礼法などの作法や芸事、剣道、柔道、弓道、合気道などの武道——などのあらゆる日本の伝統文化を支えるもとになっているのです。

神道の「間」と「ゆとり」がグローバリズムの世界を救う

神道では、「神と神」との「間」、あるいは「神と人」との「間」を取り持ち、つなぐ役割を果たすのが、神主という存在で、「なかとりもち」と呼ばれています。

いま社会では、「資本家」と「労働者」の間、「個人」と「個人」の間、「右翼」と「左翼」の間が広がっています。さらに日本の国家では、「国家」と「社会」あるいは「個人」の間、さらに「領土」と「領土」の間が拡大するばかりです。

その「間」の適度な広さがなければ、あらゆる物事はつながらず、発展性もなくなるわけですが、その「間」をどんどん埋めているのが「リベラル」なのです。

国際関係を結ぶ「国際法」の世界は、憲政史家の倉山満氏によると、「ここで二つの概念を考える必要があります。国際主義と訳されるインターナショナリズムと、世界主義と訳されるコスモポリタニズムです。コスモポリタニズムというのは、全人類が一つにまとまれるという前提です。コスモポリタンのことを地球市民といいます。コスモ（世界）がポリス（都市）であって、そこのアン（市民）、つまり、地球という都市の民という意味です。

一方、インターナショナリズムというのは、地球には一つのまとまった人類の政府などというものはないという前提です。だから、いろいろな主権国家が並立している中で、知恵を出しあい、国際慣習に立脚して、仲良くしあおうと考えますが、これこそ国際法の発想です。インターナショナリズムは、それぞれの国のナショナリズムを前提としています」。

「つまり、私が懸念しているのは、ナショナリズム同士が自国の利益追求のみに帰結する、他国に対して無慈悲な保護主義に走った場合、インターナショナリズムという概念が無ければ、潰《つぶ》しあい、総力戦に発展しかねないということです。コスモポリタニズムの中にグローバリズムが存在していると解釈するのではなく、インターナショナリズムの中に『使える』グローバリズムが存在しているのではないかと考えます」（『国際法で読み解く世界史の真実』PHP新書)。

つまり、「リベラル」とは、究極的には、この「国」と「国」との「間」をすっ飛ばし、いきなり地球に住む人々がすべて「地球市民」になれるという「お花畑」であり、「インターナショナリズム」(国際主義)という「間」が必要だということでしょう。

リベラルとグローバリズムだけの思想では、神道を学べば良くわかることですが、その国や人にとって本当の幸福やゆとりという「間」は持てません。

戦後の日本人は、アメリカのリベラルなニューディーラーたちに「神道=国家神道=悪」という思想を教えられたまま「放置プレー状態」になっています。

神道の最終的な「理想思想」とは、リベラルのように「正義」や「平等」や「自由」や「公正」などとたくさんはなく、究極的には一つです。それは、「君の名は。」の映画で述べた「結び」です。神と神、神と人、人と人とを結ぶこと。それによって人や社会は生成発展し、国は繁栄することで、お互いが幸せになると考えます。

神道の思想を書き出すと、実は単行本が一冊分は簡単に書けてしまいますので、この辺にしておきますが、いま日本国内だけでなく、世界が息苦しいのは、西欧社会のリベラル主義による「個人」や「権利」だけの主張が多すぎるからです。

はたして、それも世界が発展するための「進歩主義」の一つなのでしょうか。

いずれにせよ、いまの「リベラル主義」とは、進歩主義的にいっても古いものとなり、旧態依然としたリベラル思想では、「欧米人がいかに発達し、日本がいかに遅れているか」ということの証明にしかなりません。

日本の神道の伝統を見ればわかるように、「自由」「平等」「寛容」など「リベラル思想」は、日本にも昔から明らかに存在していました。

さらに新自由主義のように物事を一つに統合する「結び」の考え方もありました。

いま、日本人自身が日本の思想を忘れてしまっているだけなのです。

現在の日本人は、これからも世界が生成発展していくために、自らの足下を見つめ直さなければなりません。その意味でも、単なる戦後アメリカからの一時的な「借り物」の考え方に過ぎなかった「リベラル」という思想が、もはや日本人には役に立たないものになっていることは間違いないという事実に気づくべきなのです。

あとがき

いまこそ「右・左」を超えて日本人らしい本来の思想へ

いま、世界の民主主義社会では、過去の価値観や常識というものが、なかなか通用しなくなっています。

たとえば最近の日本社会でも、会社内で少し自由に奇抜な冗談を言うと、即座に「モラルハラスメント」だと糾弾されたり、「人としてどうかと思います」などと過剰反応され、抗議されるケースが増えてきました。

ほかにも、「パワハラ」や「セクハラ」など多数の社会常識が普通となり、最終的に日本人は「もう、おちおち冗談も言えない」という声もよく聞かれるようになりました。

さらに、日本で大きな地震など天災が起きたときには、すでに「罰が当たった」などとは言えなくなりました。現代社会では、「天」や「神」の権威よりも、個人の人権や科学の権威の方が比重が重くなった証拠ですが、このような「不自由」な傾向に対して、ある種の閉塞感と窮屈さを感じるのは、私だけでしょうか。

実際に、個人個人がリベラルな思想の好きな部分の概念を使い分けされるため、日本人は、欧米のリベラル的な世界観による「ポリティカル・コレクトネス」（ＰＣ）の何が正しくて何が間違いなのかを気づかないまま、すべてを受け入れてしまう危険性が多く残っているわけです。

これまで度々述べてきたように、戦後日本人は、さまざまな欧米のリベラルな概念のなかに、いつの間にか組み込まれてきました。それに加えてリベラルには、欧米の「個人主義」、「科学主義」の理念がそこに強く働いていますから、具体的な事実に基づく個人の主張や意見も、実は「リベラル（自由主義）」が支えているのが実態でした。

マスメディアの論理も基本的には「右」や「左」ではなく、「リベラル」に基づくものですが、それによって最近のグローバルな世界の実態はどうなってきたでしょうか。

「平等」を訴え続けてきたはずのアメリカは、経済的には富裕層と貧困層とに二極化した「格差社会」に陥りました。その一方で、社会的には「自由」を理念とするはずが、「ＰＣ」によって、人々が自由にモノも言えない国家となっています。

自分の発言に義務と責任を持つ本来の「自由」な意思や「平等性」が保証された状態とは言えませんから、人々はますます他者を攻撃するような事態が起きてしまいます。

しかし、そのために説得力を失い、居場所の無くなった従来のリベラル層が、今度は「ナショナル・リベラリスト」や「ネオリベ」などの新勢力となって「保守」の世界に入り込むという現象さえ起きてきました。まるでパンドラの箱を開けたような思想の大混乱が日本人にも大きく影響しているのです。

今回の本文の中には、保守がネットを中心とするそのリベラル新興勢力への対応を誤り、分裂した実態も、率直に書いてみました。だから、リベラルの「思想の混乱」によって起きるネット上の誹謗《ひぼう》中傷合戦なども、保守もリベラルも姿勢が変わらなくなり、今後も繰り広げられる事態が想定できるでしょう。

とりわけ「レイシスト」や「ヘイトスピーチ」と呼ばれるような言動に対しては、注意が必要です。

それらの「反リベラル」な言動に関しては、昔からマスメディアが常にチェックし、自由なはずのネットですら検閲されて、なかなか発言ができなくなり、国会でも「ヘイトスピーチ法案」が成立しました。

本来なら、「自由」も「平等」も「公正」も、絶対的な理想と考えずに、「一つの価値観」と考えて柔らかく受け流していれば良いのですが、実際にはまだまだリベラルが「普遍的価値観」として通っています。

リベラルは、凋落《ちょうらく》したとはいえ、いまだに存在しているからです。

ところが、多くの日本人は、リベラルな思想というものが、経済にしろ軍事にしろ国家社会にしろ、自らを弱くする「諸刃の思想」であることにいまだ気づいていません。

事実、オバマ大統領時代のリベラルなアメリカは、伝統的な白人中産階級の経済力を落とし、世界の安全保障体制を統一できない「弱いアメリカ」という国家になりました。

そのため、中国による南シナ海や東シナ海への軍事的な海洋進出がどんどん進み、「リベラルのアメリカ」が相対的に中国に対して拮抗《きっこう》する希望と力を失ったことは確かでした。

日本人は、このような国際社会の多くの矛盾と欺瞞に満ちたリベラルの概念をますます抱え込みながら、このままでは閉塞感のある空間で日々苦しみながら生きていかなければならなくなるかもしれません。

実は私には、「リベラル」が戦後民主主義下でもっとも有力な思想になって以来、日本人がそれほど明るく幸せになっているとはどうしても思えないのです。それは、日本の国家や自らの地域のことを考えず、自分個人のことだけ考えていれば良いという思想になったために、全体がダメになり、最終的には個人まで落ち込んできた「失われた二〇年」と決して無縁ではないでしょう。

にもかかわらず、一般的に普通の日本人は、確信的なリベラリストでなくても、それほど思想のことについて意識せず、「何となくリベラル」な考え方で生活をしている人も少なくありません。その戦後日本人の思想概念を一言でいえば、「乗り物」的な考え方で生きてきたのかもしれません。つまり、思想とは、車のように自分の所有する「乗り物」と思えば良く、誰かに「乗っ取られるもの」とは考えてはいないのでしょう。

しかし、諸外国では、古代から自分の思想は、自分で持つように教えられ、中世から近代に入ってからは、法の世界であれ、安全保障の世界であれ、「思想こそが支配する」という世界を作り上げてきました。

国際政治や外交、情報の世界でも、「思想」は一つの普遍的ルールを形成します。過去、日本が国際的なルール作りになかなか参画できなかったのも、日本人が戦後教育において、この重要な思想のトレーニングを受けないからだと私は考えています。

また、最近「リベラル全体主義（ファッショ）」に近い社会に近づいていることを私は大変危惧《きぐ》してます。

人間はそれぞれ立ち位置や役割も違いますから、「右・左」や「保守派・リベラル派」を問わず、「大らかさ」や「明るさ」が必要です。

だからこそ、将来の日本人には、あらゆる思想に関する明るい「知識トレーニング」が必要だと考え、今回は、私の専門分野の一つである神道をあえて「日本人の固有思想」として捉えて、皆さんに提示してみました。

本来の日本人は、欧米の価値観だけに頼らなくても、もともと優れた思想を持っていると言いたかったのです。歴史的に日本人は、何も神道だけでなく、仏教や儒教を学び、キリスト教さえ熱心に学んで、精神的なバランスを図ってきました。

とりわけ儒教の一派である陽明学などは、神道と並んで明治維新に大きな影響を与えた思想ですから当然ですが、ほかの多くの優れた思想もあることもつけ加えておきます。

大事なことは、思想というものを「唯一絶対のもの」にはしないことです。

日本人が何かの思想に縛られ、それに左右させられるようになれば、日本らしさと日本人らしさがなくなり、結局自分たちの考えるあるべき理想空間がなくなってしまいます。

たとえばアメリカのような格差社会に関しても、仮にアメリカ全体の価値観だと考えて、それを「永遠の理想」にしておけば、そのまま日本が似てくる可能性はあるでしょう。「男女差別」や「人種差別」にしても、今後は「女性が男性を従えれば良い」、あるいは「黒人が白人を従えれば良い」というふうに立場と思想を逆転させれば解決すると考え、それを入れ替えても結局根本問題は何も解決しません。

今後、トランプ大統領の誕生劇は、アメリカのリベラルな世界観と論理を劇的に変える可能性が大いにあります。あくまで日本の国家や社会をアメリカのように変えてしまうかどうかは日本人自身が決めるべきですから、これは大きなチャンスだと思います。

最後に申し上げたいのは、欧米型の自由主義のリベラルは今後も残って良いと思います。その「暗さ」と「ダメさ」を何とかしてほしいということです。リベラル思想に左右させられた一人の日本人として、そう切に願いながら、筆を置くことにします。

●著者略歴
山村明義（やまむら・あきよし）
昭和35（1960）年、熊本県生まれ。早稲田大学を卒業後、金融業界誌社員、出版社契約記者から作家・ジャーナリスト。平成7（2005）年頃より、政治・経済・社会・宗教の思想を独自に調査思索し、リベラル思想の退潮を知る。その後、世界のあらゆる思想を比較しても、日本の神道思想が優れていることを学んだことをきっかけに作家・神道思想家となる。
著書には、平成22年「神道と日本人」（新潮社）、平成25年「本当はすごい神道」（宝島新書）、平成26年「GHQの日本洗脳」（光文社）、平成27年「劣化左翼と共産党」（青林堂）など、多数がある。

日本をダメにするリベラルの正体

2017年3月 1 日　第1刷発行
2017年3月22日　第2刷発行

著　者　山村明義
発行者　唐津 隆
発行所　株式会社ビジネス社
〒162-0805　東京都新宿区矢来町114番地 神楽坂高橋ビル5階
電話　03-5227-1602　FAX　03-5227-1603
http://www.business-sha.co.jp

印刷・製本／三松堂株式会社　〈カバーデザイン〉チューン　常松靖史
〈本文組版〉エムアンドケイ　茂呂田剛
〈編集担当〉佐藤春生　〈営業担当〉山口健志

ISBN978-4-8284-1939-8

ビジネス社の本

日本教の社会学

戦後日本は民主主義国家にあらず

山本七平
小室直樹……著

政治・経済・宗教など英知を尽くした白熱対談、待望の復刊！

定価　本体1900円＋税
ISBN978-4828-4-1923-7

どうして日本は奇妙キテレツな社会で、日本人は外国人と理解しあえないのか？　その理由は、日本に「宗教」と「論理」が存在しないからだ。そう喝破した「山本学」を社会的に整備して、すぐ理解でき、誰にでも使えるようにするために実現したのが本書である。秀逸で後世に残すべき1冊、『日本教の社会学』（1981年、講談社）再刊行。

本書の内容

【第1部】日本社会の戦前、戦後
第1章　戦後日本は民主主義国家ではない
第2章　戦前日本は軍国主義国家ではない
【第2部】神学としての日本教
第3章　宗教へのコメント
第4章　日本教の教義
第5章　日本教の救済儀礼
第6章　日本教における神議論
第7章　日本教的ファンダメンタリズム
【第3部】現代日本社会の成立と日本教の倫理
第8章　日本資本主義の精神
第9章　日本資本主義の基盤―崎門の学